DANIELLE LAPORTE

Pour favoriser

l'estime de soi

DES TOUT-PETITS

Guide pratique à l'intention des parents d'enfants de 0 à 6 ans

Éditions de l'Hôpital Sainte-Justine
Centre hospitalier universitaire mère-enfant

Diffusion-Distribution au Québec : Prologue inc.
en France : Casteilla Diffusion
en Belgique et au Luxembourg : S.A. Vander
en Suisse : Servidis S.A.

Éditions de l'Hôpital Sainte-Justine (CHU mère-enfant)
3175, chemin de la Côte-Sainte-Catherine
Montréal (Québec) H3T 1C5
Téléphone: (514) 345-4671
Télécopieur: (514) 345-4631
www.hsj.qc.ca/editions

ISBN 2-921858-30-4

Dépôt légal : 3e trimestre 1997
Bibliothèque nationale du Québec
Bibliothèque nationale du Canada

Afin de ne pas alourdir le texte, la forme masculine désigne parfois aussi bien les femmes que les hommes.

Imprimé au Canada

Table des matières

Remerciements

Je remercie tout particulièrement Germain, mon compagnon de vie, qui, en me suggérant d'écrire ce guide, m'a fait relever un défi stimulant ainsi que Luc Bégin qui me donne à chaque livre son soutien, ses encouragements, son encadrement et, plus important, son amitié.

Je ne veux pas oublier de remercier également Louise Jolin, ma bibliothécaire préférée, qui me fournit toujours et en un temps record la documentation nécessaire.

Les livres parlent rarement, sinon jamais, de ce que les enfants peuvent faire d'eux-mêmes, des pouvoirs qui dès le jour ou l'instant de la naissance sont présents en chaque enfant.

John Holt

Tiré de *Une révolution intérieure, essai sur l'amour-propre et la confiance en soi*, Gloria Steinem, InterÉditions, 1992.

Si l'estime de soi m'était contée

Il était une fois un roi et une reine qui désiraient ardemment avoir des enfants. Mais tous leurs efforts restaient vains, et cela les rendait bien malheureux. Un jour pourtant, leur vœu fut exaucé, et deux fois plutôt qu'une. En effet, ce fut l'arrivée de jumeaux. Une petite fille qui était fragile et mignonne et un petit garçon, costaud et éveillé.

Le roi et la reine firent une grande fête où furent conviés toutes les fées et tous les mages du royaume. Le couple royal voulait, en effet, que leurs enfants obtiennent en cadeau des dons merveilleux. Ils espéraient ainsi, comme tous les parents du monde, que leurs petits soient heureux.

Les fées se penchèrent sur le berceau de la fillette et lui soufflèrent à l'oreille: «Petite princesse, nous t'apportons la beauté, la grâce, la douceur et le sens de la poésie.» Les mages se penchèrent à leur tour sur le berceau du garçonnet et lui dirent à l'oreille : «Petit prince, nous t'apportons la force, la détermination, l'enthousiasme et l'habilité manuelle.»

Les années s'écoulèrent et les deux bambins se développèrent de façon harmonieuse. Le jour de leur quatrième anniversaire, les fées et les mages furent conviés à un souper de fête. Ils furent heureux de constater que les enfants avaient bien développé les dons qu'ils leur avaient offerts. Mais ils furent également surpris de réaliser que la fillette était espiègle, agile et très déterminée tandis que le garçonnet était sensible, créateur, chaleureux et rieur. Ils allèrent trouver le roi et la reine pour connaître le nom de l'enchanteur qui avait complété leur propre magie.

Le roi et la reine, rayonnants de bonheur, leur expliquèrent que la seule magie qu'ils avaient utilisée était celle de l'amour et de l'espoir en leurs enfants. «Nous avons tenté d'inculquer à nos petits une grande confiance en eux, ajoutèrent-ils. Nous avons évité de les comparer et nous les avons encouragés à développer le meilleur d'eux-mêmes. C'est de cette magie-là dont les parents disposent et vous pouvez constater qu'elle est très puissante.»

Depuis ce jour, dans le royaume, à la naissance de chaque bébé, un édit royal rappelle aux parents qu'ils ont le pouvoir magique de favoriser l'estime de soi de leur enfant.

L'ESTIME DE SOI DES TOUT-PETITS

L'estime de soi, c'est la certitude intérieure de sa propre valeur. C'est la conscience d'être un individu unique, d'être quelqu'un qui a non seulement des forces mais aussi des limites.

L'estime de soi est liée à la perception qu'on a de soi-même dans différents domaines de la vie. Ainsi, on peut avoir une assez bonne estime de soi comme mère, mais une faible estime de soi comme secrétaire ou enseignante.

De façon générale, le jugement qu'on porte sur soi-même est lié à l'idée qu'on se fait des différents rôles que la vie nous amène à jouer. Ainsi, si un homme estime qu'être un bon père c'est rapporter beaucoup d'argent, entraîner son garçon au hockey et le gronder lorsqu'il le mérite, son estime de soi comme père fluctuera en fonction de sa capacité à remplir ces mandats. Si ce père perd son emploi, si son garçon déteste le hockey et s'il est plus affectueux que punitif, il aura une bien mauvaise estime de soi comme père.

Les enfants forgent leur image d'eux-mêmes en observant leurs parents et en les écoutant. Mais c'est surtout en voyant et en ressentant la fierté ou la déception de leurs parents à leur endroit qu'ils construisent cette image. L'estime de soi, c'est cette petite flamme qui brille au fond des yeux des enfants lorsque maman dit: « Tu es donc fine, ma chouette, maman est bien contente que tu t'habilles toute seule ! » ou lorsque papa dit: « Avez-vous vu comme mon garçon est habile sur sa bicyclette ? C'est tout le portrait de son père ! »

Pour un petit enfant, avoir une bonne estime de soi, c'est essentiellement:

- être **bien dans son corps**;
- avoir le **sentiment profond** d'être aimable (JE SUIS AIMABLE);
- avoir la **conviction** d'être capable (JE SUIS CAPABLE);
- être **fier** d'être un GARÇON ou **fière** d'être une FILLE;
- être **à l'aise** avec les AUTRES;
- **espérer** et **croire** que ses besoins seront comblés et que ses désirs seront sinon satisfaits du moins reconnus dans un avenir rapproché.

Chez les petits enfants, on parle plus souvent de confiance en soi que d'estime de soi parce que les enfants sont concrets et parce qu'ils ne réfléchissent pas vraiment sur eux-mêmes. Ils vivent pleinement au jour le jour. Ils ressentent les émotions et les expriment dans leur corps. Ils posent des tas de questions pour tenter de comprendre le monde. Ils jouent et inventent afin d'exercer et d'intégrer les nouvelles capacités physiques, affectives et intellectuelles qui jalonnent leur développement.

En bref, les tout-petits vivent le moment présent. Ils ont un tempérament et un bagage génétique innés qui colorent la façon dont ils vivront toutes les expériences de leur vie. Ils sont aussi très dépendants de leur entourage et ils croient dur comme fer à la toute-puissance des adultes et des personnes qui sont importantes pour eux : parents, frères et sœurs, éducatrices de garderie, grands-parents, amis.

Les parents peuvent aider leurs tout-petits à développer des attitudes de base qui favoriseront la confiance en soi et, plus tard, une bonne estime de soi. Toutefois, il est illusoire de penser développer cette estime de soi une fois pour toutes.

En effet, l'estime de soi se bâtit au fur et à mesure des expériences de la vie. Elle se construit en vivant des succès, en recevant un feed-back positif, en faisant des choses nouvelles, en créant. Toutefois, la vie procure à chacun son lot d'échecs, de difficultés et d'expériences de rejet. La famille, la garderie, les amis et l'école permettent de vivre le meilleur et le pire, les peines les plus vives comme les joies les plus grandes. Il faut souligner, à cet égard, que les frustrations, tout autant que les gratifications, sont importantes pour le développement de l'estime de soi de l'enfant.

L'estime de soi est une réalité changeante. Dans les moments de bonheur, elle est une fleur qui s'épanouit et, dans les moments de tension ou de malheur, elle risque de s'étioler. Mais le plus important est de savoir qu'elle peut toujours fleurir dans notre jardin intérieur pour peu que les parents pensent à la garder en vie et à l'entretenir continuellement.

Se pose la question de savoir s'il faut se comporter en super parents ou en parents parfaits pour favoriser l'estime de soi des tout-petits. La réponse est qu'il suffit de vivre avec ses enfants en gardant constamment à l'esprit six mots-clés :

◆ Plaisir ◆ Amour ◆ Sécurité ◆ Autonomie ◆ Fierté ◆ Espérance ◆

Plaisir : le plaisir vécu dans le corps grâce aux caresses, aux baisers et à l'excitation du jeu est essentiel à l'enracinement de l'enfant dans son monde personnel. Plaisir au jeu, plaisir d'apprendre, plaisir à vivre en société, tous ces plaisirs sont importants pour construire l'estime de soi. Quelqu'un qui vit du plaisir dans sa petite enfance pourra toujours revenir à cette expérience intime de contentement dans les moments plus difficiles.

Amour : le fait d'être aimé permet de se sentir aimable et, de là, important. Faire l'expérience de l'amour reçu et donné consolide l'image de soi; cela permet aussi de se sentir bon intérieurement. Chacun a besoin que ses parents lui disent leur amour et qu'ils le démontrent de mille façons.

Sécurité : on ne peut pas développer une bonne image de soi si on vit constamment dans la peur ou l'inquiétude. Chacun a besoin de stabilité pour bâtir un sentiment de confiance en l'autre puis en soi-même. Les parents peuvent procurer cette sécurité en minimisant les changements, en posant des limites réalistes et en répondant aux besoins de leurs enfants.

Autonomie: tous les enfants se disent « capables », car il y a une sorte de moteur puissant à l'intérieur d'eux qui les pousse à essayer, à risquer et à agir seuls. L'autonomie, c'est cette volonté de faire les choses par soi-même. Les parents qui favorisent l'autonomie n'abandonnent d'aucune façon leurs responsabilités. Ils ne cessent pas pour autant de « faire attention » à l'enfant.

Fierté : l'enfant doit apprendre à être fier de lui. Pour cela, les parents doivent souligner ses bons coups ou ses réussites, le valoriser et favoriser l'expression de tous ses talents. Cela demande la capacité d'avoir des attentes réalistes à l'endroit de l'enfant et de l'accepter comme il est et non pas comme on voudrait qu'il soit.

Espérance : pour grandir, l'enfant doit pouvoir espérer et croire que ses parents vont entendre ses demandes, répondre à ses besoins et écouter ses désirs. Il doit aussi apprendre à accepter qu'il y ait un délai entre le moment où il fait sa demande et celui où elle est exaucée; c'est ainsi qu'il entretient sa « motivation ». Espérer, c'est apprendre à se fixer des buts réalistes et à faire des efforts pour atteindre ce but. Voilà une autre façon de favoriser l'estime de soi !

Ce guide veut être un **outil pratique** pour les parents, un **aide-mémoire** en quelque sorte et un **cahier d'exercices**. N'hésitez pas à y écrire vos commentaires, à y coller des photos, à y brocher des articles sur l'éducation des enfants, à l'enjoliver avec des dessins. Faites-en quelque chose d'utile et de personnel. Ce guide témoignera de votre désir de suivre au jour le jour non seulement les progrès physiques de votre petit, mais aussi les progrès psychologiques qu'il accomplit dans le développement d'une identité positive.

Le guide comporte des réflexions, des suggestions d'attitudes et de comportements ainsi que des exercices. Il se divise en quatre chapitres :

Chapitre 1 • **J'ai confiance**
Objectif : amener l'enfant à se sentir en sécurité

Chapitre 2 • **Je suis aimable**
Objectif : amener l'enfant à développer son identité

Chapitre 3 • **Je suis bien avec les autres**
Objectif : amener l'enfant à vivre en société

Chapitre 4 • **Je suis capable**
Objectif : amener l'enfant à vivre des réussites

Pour les fins de ce guide, nous avons établi des groupes d'âge et nous les avons définis de la façon suivante après avoir attribué à chacun un symbole :

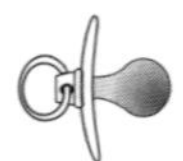 **les bébés : 0 à 9 mois**

 **les explorateurs : 9 à 18 mois**

 **les décideurs : 18 à 36 mois**

 **les magiciens : 3 à 6 ans**

◆ ◆ ◆ ATTENTION !

Avoir une bonne estime de soi, ce n'est pas avoir la tête enflée ou se prendre pour quelqu'un d'autre. C'est plutôt se connaître suffisamment bien pour pouvoir utiliser toutes ses forces personnelles tout en ayant une vue assez juste de ses limites. C'est pouvoir faire face aux difficultés de la vie en croyant fermement en soi, sans se faire d'illusions et sans cultiver le sentiment de devoir être le meilleur du monde.

Avoir une bonne estime de soi, c'est rechercher l'harmonie avec soi et avec les autres.

Les tout-petits n'ont ni la capacité physique ni la maturité intellectuelle ou le détachement affectif pour réaliser tout cela. Ils sont fondamentalement égocentriques, impulsifs, exigeants, centrés sur leur plaisir et très dépendants des adultes pour la satisfaction de leurs besoins. Il appartient aux parents et à tous les adultes qui les côtoient de les aider à avancer pas à pas dans la bonne direction.

N.B. Les références complètes, pour les notes en bas de page, se retrouvent aux pages 126 et 127.

Chapitre 1

J'AI CONFIANCE

La confiance en soi commence par la confiance en l'autre. Le petit bébé, pour survivre, est totalement dépendant de sa mère. Puis, très rapidement, il le devient de son père et de tous ceux qui en prennent soin.

La relation d'attachement qui est à la base de la confiance en soi s'établit par un ajustement constant dans les relations entre les parents et les enfants. Le **bébé** sait que ses pleurs vont amener le lait, la couche propre et les caresses. L'**explorateur** n'ignore pas que ses parents le protègent des risques inhérents à son insatiable curiosité. Après sa crise mémorable au centre d'achats, le **décideur** ne doute pas que ses parents continuent à l'aimer. Enfin, le **magicien** sait bien que ses parents écoutent ses fabulations avec une oreille complaisante mais incrédule.

La confiance règne si l'enfant sent que ses parents encouragent son plaisir, l'aiment et lui mettent des limites qui le sécurisent, s'ils lui permettent de faire des expériences personnelles, s'ils le félicitent et l'aident à persévérer.

◆ ◆ ◆

◆ Suis-je un parent fiable ?

Pour savoir si vous êtes un parent fiable, sur lequel on peut compter, faites le test suivant.
(✔ cochez dans les cases de votre choix)

	Toujours (10 pts)	Souvent (7 pts)	Parfois (3 pts)	Rarement (0 pt)
Je connais bien les besoins des enfants de l'âge du mien	❑	❑	❑	❑
Je connais bien les besoins de mon enfant	❑	❑	❑	❑
Je décode facilement les signaux qu'il m'envoie	❑	❑	❑	❑
Je m'assure qu'il y a toujours un adulte fiable avec lui	❑	❑	❑	❑
Je lui offre des routines stables	❑	❑	❑	❑
Je tiens les promesses que je lui fais	❑	❑	❑	❑
Quand je lui propose de faire un choix, je respecte sa décision	❑	❑	❑	❑
Je lui explique clairement les règles de la maison	❑	❑	❑	❑
Ma discipline est constante	❑	❑	❑	❑
Mon humeur est égale	❑	❑	❑	❑

Total des points ❑

De 80 à 100 points : Vous êtes un parent très fiable.

De 60 à 80 points : La plupart du temps, vous êtes un parent fiable.

De 40 à 60 points : Vous êtes un parent plutôt imprévisible.

Moins de 40 points : Vous êtes un parent inconstant.

Que devez-vous faire pour devenir un parent de plus en plus fiable ?

(✔ cochez dans les cases appropriées)

- Connaître et reconnaître les besoins de mon enfant ❑
- Trouver une personne fiable pour s'occuper de lui ❑
- Instaurer une routine ❑
- Respecter mes promesses ❑
- Faire régner une discipline constante et prévisible ❑
- Régulariser mon humeur ❑

A. Je connais les besoins de mon enfant

Tous les parents veulent répondre aux besoins de leur enfant. Ils savent que celui-ci a besoin de nourriture, de chaleur, d'amour, de discipline, d'écoute, d'amis, et qu'il a aussi besoin qu'on l'encourage à apprendre.

Chaque enfant, de plus, a son tempérament personnel, ses talents propres ainsi que ses faiblesses. Il n'est pas toujours facile pour les parents d'accepter l'enfant réel qui est le leur et de faire le deuil de l'enfant rêvé. Cela est pourtant nécessaire s'ils veulent pouvoir répondre aux besoins particuliers de leur enfant.

◆ Est-ce que je connais bien les besoins de mon enfant ?

Selon vous, quels sont les besoins de votre bébé ?

Besoins physiques : ....

....

Besoins affectifs : ....

....

Besoins d'apprentissage : ....

....

Besoins sociaux : ....

....

Selon vous, quels sont les besoins de votre explorateur ?

Besoins physiques : ....

....

Besoins affectifs : ....

....

Besoins d'apprentissage : ....

....

Besoins sociaux : ....

....

Selon vous, quels sont les besoins de votre décideur ?

Besoins physiques : ....

....

Besoins affectifs : ....

....

Besoins d'apprentissage : ....

....

Besoins sociaux : ....

....

Selon vous, quels sont les besoins de votre magicien ?

Besoins physiques : ....

....

Besoins affectifs : ....

....

Besoins d'apprentissage : ....

....

Besoins sociaux : ....

....

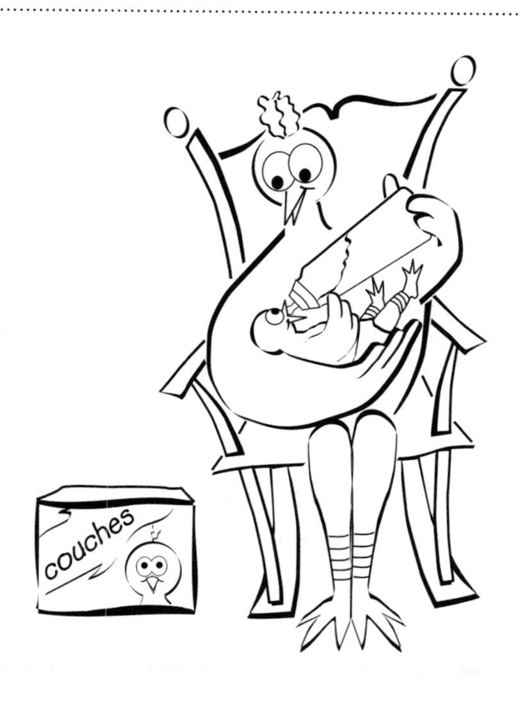

◆ ◆ ◆ Voici, à titre indicatif, les principaux besoins des enfants

Les besoins physiques

- manger, dormir, éliminer, avoir chaud, être lavé, caressé et bercé

- être encouragé à fouiller et à se déplacer
- être protégé car sa curiosité l'amène partout
- être protégé contre sa témérité puisqu'il grimpe partout

- être protégé lorsqu'il fait ses crises
- apprendre à contrôler ses sphincters

- exercer ses habiletés sur le plan de la motricité globale et de la motricité fine

Les besoins affectifs

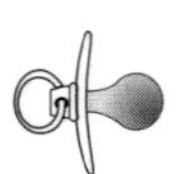

- amour, contacts physiques
- qu'on lui parle, qu'on le stimule et qu'on l'entoure
- vivre de petites frustrations

- qu'on l'encourage à se déplacer pour explorer
- qu'on lui donne une petite marge de manoeuvre
- qu'on lui dise clairement où sont les limites

- faire de petits choix
- s'affirmer
- être rassuré après une crise

- être reconnu comme un garçon ou comme une fille
- avoir l'occasion d'exercer ses pouvoirs de séduction
- attirer l'attention de sa mère si c'est un garçon ou de son père si c'est une fille
- vivre de la complicité avec ses parents

Les besoins d'apprendre

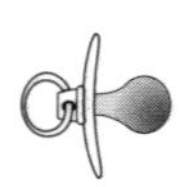

- être stimulé sur les plans visuel, auditif et tactile
- qu'on lui parle, qu'on l'écoute
- qu'on respecte son rythme

- qu'on lui permette de fouiller en toute sécurité
- qu'on le laisse ramper, marcher, courir
- qu'on lui nomme les objets, les sentiments

- qu'on stimule son autonomie en lui faisant confiance
- qu'on le laisse s'habiller (au moins en partie)
- qu'on lui permette de choisir certains mets
- qu'on l'amène au parc
- qu'on le laisse essayer

- qu'on lui propose des jeux d'imagination
- qu'on stimule sa créativité dans les arts plastiques
- qu'on lui permette de dessiner, de découper
- qu'on réponde à ses questions

Les besoins sociaux

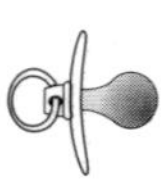

- avoir au moins une personne significative (mère, père, gardienne) qui se préoccupe de lui
- être parfois en contact avec des personnes moins significatives

- établir des liens étroits avec ses deux parents
- avoir l'occasion d'imiter d'autres enfants

- être en contact avec d'autres enfants
- établir des liens avec d'autres adultes
- apprendre à partager... un peu

- avoir des amis
- établir des contacts avec plusieurs adultes

Légende

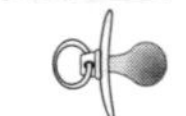
Bébé (0 à 9 mois)

Explorateur (9 à 18 mois)

Décideur (18 à 36 mois)

Magicien (3 à 6 ans)

◆ Mon enfant a-t-il des besoins difficiles à combler ?

Indiquez ici les besoins de votre enfant qui sont les plus difficiles à combler.

....

....

....

....

....

Pourquoi, selon vous, ces besoins sont-ils difficiles à combler ?

(✔ cochez dans les cases appropriées)

- L'enfant exprime peu ce besoin ❑
- Il exprime trop ce besoin ❑
- Je suis mal à l'aise face à l'expression de ce besoin ❑
- Je ne sais pas comment répondre à ce besoin ❑
- Mes propres expériences passées m'empêchent d'accepter facilement ce besoin ou me laissent sans moyen pour y répondre ❑

Certains bébés sont plus difficiles que d'autres. Ils réclament beaucoup d'attention et il est souvent compliqué de décoder leurs besoins réels. Dans ces conditions, il ne faut pas céder à la panique, mais revenir aux besoins de base, respirer et patienter. Ces enfants deviennent souvent des lutins fort dynamiques.

B. Je suis à l'écoute de mon enfant

Plus l'enfant est jeune, plus le langage corporel domine. L'enfant s'exprime par son corps, avec son corps : il pleure, il crie, il rit, il dort bien ou mal, il est calme ou agité, etc. En vieillissant, il s'exprime de plus en plus souvent par la parole, mais son langage est essentiellement utilitaire : jus, bobo, aller mener, etc.

Vers 3 ou 4 ans, l'enfant utilise de plus en plus souvent le langage parlé ainsi que le jeu ou l'imaginaire pour transmettre ses messages. Par exemple, la petite fille tape sa poupée en lui disant : « Méchante, tu as tapé ton petit frère ! »; le petit garçon gribouille sur une feuille jusqu'à la noircir. Ce langage est symbolique, tout comme les rêves.

◆ Est-ce que je prends le temps d'observer la façon dont mon enfant s'exprime ?

Observez bien votre enfant et décrivez brièvement la façon dont il exprime :

ses besoins ....

sa peine ....

sa colère ....

son plaisir ....

ses désirs ....

son amour ....

Comment réagissez-vous habituellement à ses demandes ?

lorsqu'il pleure ....

lorsqu'il crie ....

lorsqu'il manipule avec gentillesse ....

lorsqu'il s'affirme et exige ....

lorsqu'il est malade ....

lorsqu'il parle ....

Un enfant aura tendance à répéter un comportement si celui-ci amène une réponse positive chez ses parents. Si un enfant obtient tout ce qu'il veut en pleurant, il aura tendance à le faire de plus en plus souvent. S'il se rend compte qu'on l'écoute lorsqu'il parle clairement et calmement, il cherchera à s'exprimer plus souvent de cette façon-là, voire même à argumenter.

Avant l'âge de 7 ou 8 ans et même un peu plus tard, les enfants ont de la difficulté à exprimer leurs émotions. Lorsqu'ils ont de la peine, ils pleurent; lorsqu'ils sont fâchés, ils crient ou jettent des objets par terre; lorsqu'ils sont anxieux, ils s'agitent ou ils ont de la difficulté à manger et à dormir. Les parents peuvent les aider en verbalisant à leur place, et de façon simple, courte et concrète, ces émotions.

Exemples :

« Martin, ça te fâche que maman n'ait pas le temps de jouer avec toi. »

« Nathalie, je vois que tu as beaucoup de peine parce que ton amie est repartie chez elle. »

« Je pense, Francis, que la venue de grand-maman t'excite énormément. »

« Lorsque tu cours partout comme cela, Marie, c'est souvent que quelque chose t'inquiète. »

◆ Qu'en est-il de ma capacité à écouter et à décoder les messages de mon enfant ?

Pour exercer votre capacité d'écoute et de décodage, déterminez d'avance la journée de la semaine la plus propice à cet exercice. Il importe d'être dans un état de calme, de patience et de disponibilité. Vous devez également vous sentir positif.

Voici maintenant une façon de procéder.

◆ À chaque fois que votre enfant exprime un besoin, un sentiment ou une idée, notez sa façon de faire et cochez dans les cases appropriées.

Expressions physiques

- Réagir calmement ❑
- Être bien physiquement ❑
- S'agiter ❑
- Avoir de la difficulté à dormir ❑
- Faire pipi dans sa culotte ❑
- Avoir mal au ventre ❑
- Autre (à préciser) ❑

Expressions émotives

- Rire ❑
- Sourire ❑
- Pleurer ❑
- Crier ❑
- Se mettre en colère contre les personnes ou les objets ❑
- Autre (à préciser) ❑

Expressions verbales

- Parler ❑
- Discuter ❑
- Argumenter ❑
- Autre (à préciser) ❑

Expressions symboliques

- Rêver ❑
- Faire des cauchemars ❑
- Jouer symboliquement (avec des figurines, une épée, etc.) ❑
- Dessiner ❑
- Inventer (une potion magique, une maison hantée, etc.) ❑
- Autre (à préciser) ❑

- Lorsque votre enfant s'exprime, arrêtez-vous, observez-le, écoutez-le, portez-lui attention.
- Décrivez ce que vous voyez (« Nicolas, tu es très calme ce matin .»; « Maude, tu pleures beaucoup lorsque je suis occupée .»; « Tu es si fâché que tu abîmes tes dessins préférés .»
- Voyez l'effet de votre description.
- Exprimez à la place de l'enfant le sentiment qu'il semble vivre :

  « Je pense que tu n'aimes pas ça quand je donne le sein à ton petit frère. »
  « Je vois que tu es très contente que papa puisse aller au parc avec toi. »
  « Tu as de la difficulté à attendre et ça te fait de la peine. »

- Si l'enfant exprime un besoin, un sentiment ou une idée et que *vous voulez ou pouvez réagir immédiatement*, n'hésitez pas à le faire. Mais avant de passer à l'action, n'oubliez pas de faire les étapes précédentes.
- Si l'enfant exprime un besoin, un sentiment ou une idée et que *vous ne voulez pas ou ne pouvez pas réagir immédiatement*, dites-lui que sa demande n'est pas réalisable, que son besoin peut attendre un peu, que son idée est bonne mais impossible à mettre en action.
- Ne donnez pas de longues explications. Ne faites que constater la réaction de votre enfant.

C. Je sécurise mon enfant

Un enfant se sent en confiance s'il se sent en sécurité. Cette sécurité doit se vivre tant sur le plan physique qu'affectif. Si l'enfant souffre d'insécurité, il ne sert à rien de lui dire qu'il est beau et gentil. Tous les bons mots glisseront sur lui comme de l'eau sur les plumes d'un canard.

◆ Est-ce que j'ai établi des routines stables ?

Voici les routines que j'ai établies dans la vie de mon enfant.

En ce qui concerne la nourriture ....

....

....

En ce qui concerne le sommeil ....

....

....

En ce qui concerne les soins physiques...

....

....

Au sujet des sorties...

....

....

Autres routines (garderie, heure du conte ou du dessin, etc.) ....

....

....

Les routines ont pour effet de sécuriser l'enfant et de le situer dans le temps et dans l'espace. Il n'y a rien de plus difficile pour un petit que de vivre des changements fréquents. Lorsque le travail les obligent à des horaires variables, les parents devraient s'arranger, si possible, pour qu'il y ait une gardienne stable à la maison qui pourra respecter la routine qu'ils auront établie.

◆ Mon temps est-il organisé pour me permettre d'être souvent avec mon enfant ?

Les enfants ont besoin de leurs deux parents, mais ils n'en ont pas besoin tout le temps. Plus ils vieillissent, plus ils sont capables de s'éloigner d'eux. Cependant, ils ne peuvent pas se sentir aimés et en sécurité si leurs parents ne sont pas assez souvent à la maison.

Une relation d'attachement ne se construit que s'il y a une présence quotidienne. Il faut *être* avec l'enfant et *faire* avec l'enfant.

Quels sont les moments de la journée que je partage avec mon enfant ?
(✔ cochez dans les cases appropriées)

- l'heure du lever ❑
- l'heure des repas ❑
- l'heure du dodo ❑
- des moments de jeux ❑
- toute la journée ou une bonne partie de la journée ❑

Quelles sont les activités que je fais avec mon bébé ?
(✔ cochez dans les cases appropriées)

- Je m'occupe de ses soins personnels ❑
- Je le cajole, le chatouille, le berce, l'embrasse ❑
- Je lui parle beaucoup ❑
- Je le promène, je l'amuse ❑
- J'assure les routines ❑
- Autre (à préciser) ❑

Quelles sont les activités que je fais avec mon explorateur ?
(✔ cochez dans les cases appropriées)

- Je le lance dans les airs, le chatouille, l'embrasse ❑
- Je le poursuis, le cherche ❑
- Je m'occupe de ses soins personnels ❑
- Je joue avec lui ❑

Je lui apprend à marcher, à courir, à dire quelques mots ❑

Autre (à préciser) ❑

Quelles sont les activités que je fais avec mon décideur ?
(✔ cochez dans les cases appropriées)

Je l'entraîne à la propreté ❑

Je lui apprends à faire du tricycle ou à lancer une balle ❑

Je l'amène au parc ❑

Je lui lis des histoires ou j'en invente ❑

Je regarde la télévision avec lui ❑

Je l'amène au magasin ❑

Autre (à préciser) ❑

Quelles sont les activités que je fais avec mon magicien ?
(✔ cochez dans les cases appropriées)

Je lui donne son bain, je le couche ❑

J'invente des jeux, je fabrique avec lui une potion magique, etc. ❑

Je fais du dessin ou je fabrique des choses avec lui ❑

Je regarde des livres, je raconte des histoires ❑

Je réponds à ses questions ❑

Je choisis un film et je le regarde avec lui ❑

Je fais des activités de plein air ❑

Autre (à préciser) ❑

VOICI UN PETIT SECRET !

Choisissez des activités qui vous font plaisir et faites ce que vous aimez faire. Ne vous forcez pas, car votre enfant ressentira votre désintérêt et pensera que c'est lui qui vous ennuie. L'important, c'est d'avoir du plaisir à être avec votre enfant tous les jours, à des moments que vous avez choisis. Faites en sorte que le temps que vous passez avec lui soit un moment privilégié.

◆ Est-ce que je m'organise pour que mon enfant ne vive pas trop de changements ?

Les changements provoquent du stress que même les petits bébés ressentent. Or, un enfant a besoin de stabilité. Des déménagements fréquents, des changements de gardienne ou de garderie, une garde partagée incohérente (deux jours chez l'un puis trois jours chez l'autre, par exemple), des changements d'horaire imprévisibles, tout cela crée une insécurité qui nuit au développement de l'enfant.

Par ailleurs, il faut bien constater que les changements sont inévitables. Ils font partie de la vie et il est sain qu'un enfant ait à développer des mécanismes d'adaptation. L'enfant élevé en vase clos, celui qui par exemple n'a jamais affaire à une gardienne, sera bien démuni au moment de son entrée à l'école.

En pensant aux six derniers mois, quels sont les changements vécus par mon enfant ?

À la maison ....

....

....

À la garderie ou chez la gardienne ....

....

....

Avec ses amis et la parenté ....

....

....

Faites la liste des événements heureux ou malheureux qui ont marqué sa vie ?
(Naissance d'un bébé, décès d'un proche, perte d'emploi d'un parent, dépression d'un proche, déménagement, séparation, etc.)

....

....

....

....

Quels sont les changements que vous pouvez éviter à votre enfant dans les prochains mois ?

....

....

....

Comment allez-vous préparer votre enfant à vivre les changements inévitables ?

....

....

Comment allez-vous aider votre enfant à faire face au stress ?

....

....

> **QUELQUES PETITS TRUCS POUR DIMINUER LE STRESS CHEZ LES ENFANTS :**
> leur faire un massage, les laisser courir dehors et dépenser leur énergie, diminuer les pressions et les exigences, favoriser l'expression de la créativité, donner un bon bain chaud, utiliser l'humour pour dédramatiser la situation, les cajoler un peu plus qu'à l'ordinaire, etc.

◆ Est-ce que je respecte le rythme de mon enfant ?

Trop d'enfants sont bousculés de nos jours par le désir impératif des parents de les voir « performer » de plus en plus tôt. Il n'est pas surprenant que de plus en plus d'enfants souffrent d'ulcères d'estomac, d'insomnie, d'anxiété et de dépression.

Les enfants ont le droit qu'on respecte leur rythme. Il ne sert à rien de tirer sur la fleur pour qu'elle pousse; on risque plutôt de la faire dépérir.

◆ Est-ce que ma discipline tient compte de l'âge de mon enfant ?

Les parents d'aujourd'hui parlent beaucoup à leurs enfants et c'est une très bonne chose. Cela apprend aux enfants à s'exprimer, à se sentir importants et à communiquer sans gêne. Toutefois, le fait de parler ne s'avère pas toujours un moyen efficace pour sécuriser l'enfant, pour contrôler certains de ses comportements ou l'aider à avoir des attitudes agréables et acceptables.

La plupart des parents craignent de traumatiser leurs enfants en faisant de la discipline. Cela vient peut-être du fait que ce petit mot a une connotation négative et qu'il fait trop souvent référence à des punitions physiques, à de l'intransigeance et à une lutte de pouvoir.

◆ Pourtant, la discipline est vraiment nécessaire au bonheur des enfants ◆

Elle leur permet de savoir où sont leurs limites et celles de leurs parents, d'éviter les dangers, d'apprendre à faire plaisir aux autres, de penser avant d'agir et de vivre dans un climat plus harmonieux.

Il ne s'agit pas ici de brimer l'enfant, mais de le guider. Il ne s'agit pas de le contraindre, mais de lui transmettre des valeurs.

Nous parlons ici d'**éducation** et non pas de dressage.

Quelles sont les trois principales valeurs que vous voulez transmettre à votre enfant ?

1. ....

2. ....

3. ....

Comment vous y prenez-vous pour transmettre ces valeurs ?

....

....

....

....

VOICI 7 FAÇONS DE VIVRE EN HARMONIE

1. Se concentrer sur des règles importantes
2. Aller à la pêche aux sentiments
3. Être constant
4. Donner des responsabilités
5. Laisser l'enfant prendre de petites décisions
6. Dire non clairement
7. Être souple sur des points secondaires

AVEC LES JEUNES ENFANTS

◆ ◆ ◆ Toute discipline doit s'inscrire dans une relation aimante

Être clair

- Dire les règles simplement et clairement
- Dire les règles positivement
- Choisir de 3 à 5 règles
- Dire les règles sans argumenter et sans culpabiliser, sans ridiculiser et sans menacer

Ignorer certains comportements

- Les comportements moins importants
- Les comportements qui ne sont pas dangereux

Être positif le plus possible

- Encourager
- Féliciter
- Donner du temps de qualité
- Écouter, parler
- Récompenser les bons coups

Faire vivre les conséquences

- Les conséquences naturelles (ramasser un dégât)
- Les conséquences logiques (c'est-à-dire en lien avec le comportement)
- Ne pas porter de jugement sur l'enfant mais sur son action

◆ La discipline avec les jeunes enfants

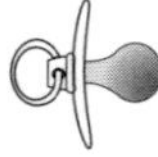

La discipline avec les bébés

Besoins (voir aussi en page 20

- Attachement
- Amour
- Soins de base
- Routines pour s'autoréguler
- Qu'on leur parle
- Qu'on respecte leur rythme
- Qu'on les protège des dangers

Discipline

- Instaurer des routines sur le plan du sommeil et sur celui de l'alimentation
- Instaurer de bonnes habitudes d'endormissement
- Leur apprendre à tolérer graduellement la frustration

La discipline avec les explorateurs

(ils fouillent, marchent et commencent à parler)

Besoins (voir aussi en page 20)

- Qu'on les protège en éloignant les objets dangereux ou précieux
- De routine pour l'entraînement à la propreté
- D'exercer leur motricité
- D'attention immédiate mais courte (ils attirent souvent l'attention par des mauvais coups)
- D'exercer un début de surmoi : se disent non à eux-mêmes
- Qu'on leur donne du temps de qualité (à chacun un temps spécial de 10 ou 15 minutes)
- Qu'on leur parle de leur comportement d'abord
- Besoin de feed-back (transmettre le message avec « je » : « Je n'aime pas ça quand on crie» et non pas «Tu cries trop »)
- D'être soutenu dans les transitions
- De remerciements
- D'amour, de reconnaissance de leurs forces et de leurs limites

Discipline

- On fait une demande une seule fois («Martin, ne touche pas à la plante»), on intervient tout de suite si l'enfant ne réagit pas, on va vers lui, on retire sa main et on l'entraîne plus loin
- Les punitions et les cris sont inutiles (si l'enfant recommence ou fait une crise, on le met à l'écart pour quelques minutes seulement)
- Il faut bien se rappeler qu'**à cet âge les enfants sont naturellement :**
  - fouilleurs, curieux et agités
  - qu'ils ne peuvent pas s'exprimer facilement avec des mots
  - qu'ils ne comprennent pas la logique

La discipline avec les décideurs

(ils parlent, se fâchent et veulent décider)

Besoins (voir aussi en page 20)

- De faire des choix
- D'agir seuls
- De décider et de s'opposer
- De bouger

Discipline

- Laisser à l'enfant le choix entre deux solutions qu'on accepte d'avance
- Faire de petits concours de vitesse
- Utiliser l'humour (et non pas le sarcasme)
- Si l'enfant désobéit, ne pas discuter et cesser toute activité. Le mettre en retrait dans l'escalier, sur une chaise ou dans sa chambre. **Cela ne vaut que pour deux ou trois comportements parmi les plus importants et seulement pour quelques minutes**
- Redonner de l'attention positive tout de suite après
- Il faut bien se rappeler qu'**à cet âge les enfants sont naturellement :**
  - impulsifs et colériques
  - égoïstes
  - qu'ils ne sont pas capables de se mettre à la place des autres
- Il faut se rappeler également qu'**à cet âge :**
  - il y a des limites à l'obéissance, car on doit tenir compte des capacités des enfants

(**La discipline ...** *suite à la page 34)*

La discipline avec les magiciens

(ils inventent, fabulent et se créent un univers magique)

Besoins (voir aussi en page 20)

- De plaire
- D'être reconnus (comme garçon ou fille)
- D'avoir des amis
- D'utiliser leur imaginaire
- D'être écoutés
- D'être stimulés
- Qu'on respecte leur rythme

Discipline

- Enfants très sensibles au dénigrement
- Commencer à donner de petites responsabilités
- Donner des renforcements positifs
- Transmettre les messages en «Je»
- Toujours donner des explications courtes et logiques
- Instaurer des rituels entourant le coucher, la toilette et les repas
- Faire vivre des conséquences qui doivent suivre immédiatement l'action négative
- Faire vivre des conséquences logiques et naturelles
- Mettre en retrait
- Utiliser des tableaux et des calendriers de renforcement qui doivent être simples et temporaires *(voir à la page suivante)*
- Il faut bien se rappeler qu'**à cet âge les enfants :**
  - n'ont pas la notion du mensonge (ils fabulent)
  - ont des peurs bien réelles puisque leur imagination est fertile
  - adorent manipuler leurs parents
  - sont portés naturellement à chercher à plaire au parent du sexe opposé
  - imitent leurs amis

EXEMPLE D'UN TABLEAU DE RENFORCEMENT ◆ ◆ ◆

(petit calendrier qui a pour but d'encourager l'enfant à modifier un comportement ou à en acquérir un autre)

Comportement	LUNDI	MARDI	MERCREDI	JEUDI	VENDREDI	SAMEDI	DIMANCHE
Exemple : **Je me brosse les dents** (Le parent demande un comportement facile que l'enfant a déjà acquis)							
Exemple : **Je viens manger quand on m'appelle** (Le parent demande un comportement moins facile que l'enfant adopte déjà assez souvent)							
Exemple : **Je goûte à tous les plats** (Le parent demande un comportement difficile, mais il le limite dans le temps et le fait s'appliquer par étapes)							

À la fin de chaque journée, les parents regardent le tableau avec l'enfant. Ils lui laissent le plaisir de mettre un collant de son choix dans les cases appropriées pour marquer ses réussites (il y aura au moins un collant car le premier comportement est déjà acquis et très probablement deux puisque le deuxième comportement est en voie d'acquisition). L'enfant qui a deux collants sur trois appose au bas de la colonne correspondant à la journée un collant spécial.

Les plus jeunes, ceux et celles de moins de 6-7 ans, reçoivent à la fin de la journée une petite récompense qui leur a d'ailleurs été promise. Tel que convenu au départ, l'enfant qui a trois collants reçoit une récompense plus importance que celui qui n'en a que deux. Pour les plus vieux, cela peut se faire à la fin de la semaine et, là aussi, la récompense est proportionnelle au nombre de collants, c'est-à-dire de réussites.

La récompense doit être relationnelle et non pas matérielle. Ainsi, on peut promettre à l'enfant de lui lire une deuxième histoire au moment du coucher ou de l'amener seul en randonnée avec maman ou papa; les enfants, en effet, aiment faire l'objet d'une attention spéciale et exclusive.

Attention ! Avec les tableaux de renforcement, il ne s'agit pas d'«acheter» les enfants, mais de leur souligner notre fierté de les voir faire des efforts pour s'améliorer. Ces tableaux sont « concrets » comme le sont les enfants ! Ils renforcent l'image positive de l'enfant et aident également les parents à voir ses progrès.

Ces tableaux devraient être faits pour couvrir trois ou quatre semaines. Par la suite, il faut les modifier car ils perdent leur efficacité. De toutes façons, ce ne sont que des outils temporaires, des déclencheurs en quelque sorte. Ils servent à souligner les forces de l'enfant et non pas à lui prouver qu'il est un « incapable ».

- **Est-ce que j'ai déterminé les règles importantes qui sont en lien avec les valeurs que je veux transmettre ?**

Voici les cinq règles importantes que je privilégie.

1. ....
2. ....
3. ....
4. ....
5. ....

Avez-vous écrit ou fait connaître ces règles de manière positive ?

....

> **SOUVENEZ-VOUS ...**
> que tout ce qui est reçu par l'inconscient l'est positivement. Par exemple, il est certain que vous allez penser à votre mère si quelqu'un vous dit : « Ne pensez pas à votre mère ». De même, si on dit à Mathieu : « Ne tire pas les cheveux de Nathalie », vous devinez facilement à quoi celui-ci va immédiatement penser.
>
> Il est important de toujours dire ce qu'on veut que l'enfant fasse et non ce qu'on ne veut pas qu'il fasse. Ainsi, on dira : « Sophie, je veux que tu joues dans la cour », plutôt que de dire : « Sophie, je t'interdis de jouer sur le trottoir. »

- **Est-ce que j'ai prévu plusieurs moyens pour encourager mon enfant à respecter ces règles ?**

Voici les moyens que je choisis pour aider mon enfant à respecter les règles

1. ....
2. ....
3. ....
4. ....
5. ....

Quelques minutes de notre temps, une caresse, un bon mot, tout cela a beaucoup plus d'effet qu'un cadeau et, de plus, favorise la relation. Le meilleur encouragement est toujours d'ordre relationnel.

◆ Est-ce que j'ai prévu les conséquences naturelles et logiques qui découlent d'un manquement à ces règles ?

Voici les conséquences que j'ai prévues en cas de manquement aux règles.

1. ....
2. ....
3. ....
4. ....
5. ....

Il peut s'agir, par exemple, de ramasser son dégât, d'aller chercher un peu d'eau pour la petite sœur qu'on a fait pleurer, d'aider papa après l'avoir boudé, etc.

◆ Est-ce que je tiens mes promesses ?

Avant de faire des promesses, il faut toujours se demander si on a l'intention ou la capacité de les tenir. On peut penser que les promesses sont un bon moyen pour contrôler les enfants; cela n'est vrai que jusqu'au jour où les enfants découvrent que les promesses ne sont pas toujours tenues.

Quelles sont les promesses que vous faites habituellement aux enfants ?

....

....

....

Avez-vous l'habitude de tenir vos promesses ? Expliquez pourquoi.

....

....

....

Comment allez-vous vous y prendre pour diminuer le nombre de vos promesses ou pour les tenir si vous en faites ?

....

....

....

Je peux faire confiance à mon enfant

◆ ◆ ◆

A. Je connais assez bien mon enfant pour savoir dans quel domaine je peux lui faire confiance

◆ Est-ce que je connais les domaines dans lesquels je peux faire confiance à mon enfant ?

Je détermine les domaines dans lesquels je peux faire confiance à mon enfant tout en tenant compte de son âge.

(✔ cochez dans les cases de votre choix)

	Toujours (10 pts)	Souvent (7 pts)	Parfois (3 pts)	Rarement (0 pt)
Mon enfant est capable de me faire connaître ses besoins	❑	❑	❑	❑
Il est capable de se défendre	❑	❑	❑	❑
Il n'est pas trop téméraire	❑	❑	❑	❑
Il sait se faire aimer par les autres adultes	❑	❑	❑	❑
Il sait se faire aimer par les autres enfants	❑	❑	❑	❑
Il est capable de se débrouiller pour des choses simples comme s'habiller, se verser du jus, etc.	❑	❑	❑	❑
Il est capable d'aller vers les autres	❑	❑	❑	❑
Il se développe bien	❑	❑	❑	❑
Il apprend bien	❑	❑	❑	❑
Il s'adapte bien aux nouvelles situations	❑	❑	❑	❑

Total des points ❑

De 80 à 100 points :	Vous faites confiance aux capacités de votre enfant.
De 60 à 80 points :	Vous savez que vous pouvez faire confiance aux capacités de votre enfant dans plusieurs domaines.
De 40 à 60 points :	Vous pensez que votre enfant n'a pas suffisamment de capacités pour que vous puissiez lui faire confiance. Dépendant de son âge et de ses ressources, vous êtes soit réaliste soit trop inquiet.
Moins de 40 points :	Vous ne pensez pas pouvoir faire confiance aux capacités de votre enfant.

Pour faire confiance à un jeune enfant, il faut évaluer de façon réaliste ses capacités et ses ressources personnelles. Il faut se rendre compte qu'il se développe et constater ses progrès constants.

FAIRE CONFIANCE À L'ENFANT...

c'est être capable de favoriser son évolution sans le surprotéger. Cependant, les parents doivent demeurer conscients des dangers et des limites liés au développement : vulnérabilité émotionnelle, capacité de raisonnement limitée et habiletés physiques restreintes. **Les parents sont là pour le protéger sans le brimer**.

B. JE PROTÈGE MON ENFANT SANS LE SURPROTÉGER

◆ **Est-ce que je protège mon enfant sans le surprotéger ou, en d'autres mots, est-ce que j'adopte des attitudes qui favorisent l'estime de soi ?**

Parmi les dix affirmations suivantes, déterminez celles qui font appel à la protection et celles qui font appel à la surprotection.

(Inscrire dans les cases un P pour protection et un S pour surprotection)

Dans le cas des bébés

1. Avoir constamment l'enfant dans les bras ❑
2. Vérifier s'il n'y a pas d'objets dangereux dans son berceau ❑
3. Accourir dès les premiers pleurs ❑
4. Vérifier si l'enfant est propre ❑
5. Éviter de sortir en couple pour ne pas avoir à faire garder le bébé ❑
6. Éviter de changer fréquemment de gardienne ❑
7. Attendre que le bébé accepte d'être sevré même si la mère désire cesser d'allaiter ❑
8. Tout mettre en œuvre pour respecter les routines du bébé ❑
9. Ne jamais réveiller le bébé lorsqu'il y a de la « visite » ❑
10. Ne jamais permettre aux étrangers de prendre l'enfant ❑

(Les affirmations 2, 4, 6 et 8 font appel à la protection)

Dans le cas des explorateurs

1. Ne jamais permettre à l'enfant de sortir de son parc ❑
2. Répondre aux besoins de base avant que l'enfant ne les exprime ❑
3. Fermer à clé les armoires où se trouvent des produits dangereux ❑
4. Fermer à clé toutes les armoires ❑
5. Interdire à l'enfant de grimper ❑

6. Garder constamment l'enfant dans son « pousse-pousse » lors d'une sortie ❑
7. Ne jamais perdre de vue l'enfant à l'extérieur de la maison ❑
8. Aller chez le médecin lorsque l'enfant se plaint d'avoir mal ❑
9. Enlever tous les objets fragiles ou cassables ❑
10. Surveiller les enfants plus âgés afin qu'ils ne fassent pas mal à l'enfant ❑

(Les affirmations 3, 7, 8 et 9 font appel à la protection)

Dans le cas des décideurs

1. Permettre à l'enfant de passer toutes ses nuits dans votre lit ❑
2. Donner à l'enfant ce qu'il veut pour éviter une crise ❑
3. Amener l'enfant dans un endroit tranquille lorsqu'il est en crise ❑
4. Tenir la main de l'enfant en traversant la rue ❑
5. Apprendre à l'enfant à ne pas suivre les inconnus ❑
6. Habiller l'enfant tous les matins ❑
7. Refuser que l'enfant s'amuse avec d'autres enfants ❑
8. Surveiller l'enfant lorsque vous utilisez la cuisinière ❑
9. Refuser un travail pour ne pas avoir à faire garder l'enfant ❑
10. Aller au parc avec l'enfant et le surveiller ❑

(Les affirmations 3, 4, 5, 8 et 10 font appel à la protection)

Dans le cas des magiciens

1. Se coucher avec l'enfant pour l'endormir ❑
2. Laisser une veilleuse allumée dans sa chambre ❑
3. Obliger un enfant à tout manger de peur qu'il manque de vitamines ❑
4. Refuser que l'enfant fasse de la bicyclette par peur des accidents ❑
5. Exiger que l'enfant vienne avertir s'il va jouer dans la cour d'un ami ❑

6. Consulter si l'enfant présente un retard de langage ou de motricité ❑

7. Accepter les amis à la maison mais refuser que l'enfant aille chez eux ❑

8. Ne lui donner aucune tâche à faire : mettre son napperon, faire son lit, etc. ❑

9. Intervenir à l'occasion dans les chicanes pour proposer des solutions ❑

10. Bercer l'enfant, lui faire un massage ou lui raconter une histoire ❑

(Les affirmations 2, 5, 6, 9 et 10 font appel à la protection)

De nombreuses recherches démontrent qu'il existe un lien étroit entre la surprotection des parents et une faible estime de soi chez les enfants. Il est bien évident, cependant, que les enfants négligés et mal protégés ont eux aussi une faible estime de soi. **tout est question d'équilibre.**

À NOTER

Des recherches ont montré que les petits enfants qui se sentent sécurisés dans leurs relations avec leurs parents sont plus indépendants, réagissent mieux aux séparations et ont une plus grande estime d'eux-même lorsqu'ils entrent à l'école. [1]

1 Oppenheim (1997).

Mini-test et auto-évaluation

◆ ◆ ◆

Mini-test

(✔ cochez dans les cases de votre choix)

	Vrai	Faux
1. La confiance se développe grâce à une relation d'attachement	❑	❑
2. Les petits enfants ont besoin de stabilité	❑	❑
3. Les bébés n'ont pas besoin de routine	❑	❑
4. Les explorateurs ont besoin de fouiller	❑	❑
5. Les décideurs n'ont pas à faire de choix	❑	❑
6. Les magiciens ont besoin de leurs parents, mais non d'amis	❑	❑
7. Les frustrations sont nécessaires à la motivation des enfants	❑	❑
8. Les parents doivent laisser les tout-petits faire leurs expériences sans intervenir	❑	❑
9. Les petits enfants qui vivent un sentiment de sécurité sont plus autonomes à l'école	❑	❑
10. Les parents peuvent établir un lien d'attachement avec leur enfant sans être de façon régulière et constante dans sa vie	❑	❑

(Les réponses se trouvent en page 123.)

Auto-évaluation

(✔cochez dans les cases de votre choix)

	Toujours	Souvent	Parfois	Rarement
Est-ce que je connais les besoins de mon enfant ?	❑	❑	❑	❑
Est-ce que je cherche à les combler ?	❑	❑	❑	❑
Est-ce que je suis à l'écoute de mon enfant ?	❑	❑	❑	❑
Est-ce que je décode ses façons de s'exprimer ?	❑	❑	❑	❑
Est-ce que j'ai établi des routines stables ?	❑	❑	❑	❑

	Toujours	Souvent	Parfois	Rarement
Est-ce que je passe beaucoup de temps avec mon enfant ?	❑	❑	❑	❑
Est-ce que je limite les changements qu'il aura à vivre ?	❑	❑	❑	❑
Est-ce que je respecte son rythme ?	❑	❑	❑	❑
Est-ce que mon enfant connaît clairement mes règles ?	❑	❑	❑	❑
Est-ce que je l'encourage à respecter ces règles ?	❑	❑	❑	❑
Est-ce que j'établis une discipline qui tient compte de mon enfant ?	❑	❑	❑	❑
Est-ce que je lui fais confiance ?	❑	❑	❑	❑
Est-ce que je protège mon enfant sans le surprotéger ?	❑	❑	❑	❑

Vous êtes maintenant capable de répondre adéquatement aux questions suivantes.

Quelles sont vos attitudes qui permettent à votre enfant de développer sa confiance et de se sentir en sécurité ?

....

....

....

Quelles sont les attitudes que vous devez développer pour donner à votre enfant un sentiment de confiance ?

....

....

....

Chapitre 2
Je suis aimable

Pour se sentir aimable, il faut avoir été aimé. Mais cela ne suffit pas. Il faut aussi avoir incorporé cet amour, l'avoir intégré et l'avoir fait soi. C'est ainsi que le « On m'aime, donc je m'aime » deviendra, chez l'adulte, un « Je m'aime, donc on peut m'aimer ».

Lorsqu'on demande à un enfant pourquoi il pense qu'on l'aime, il y a de bonnes chances qu'il réponde à peu près de la façon suivante :

« Je sais que maman m'aime parce qu'elle me le dit tout le temps.»

« Papa, il m'aime..., il m'a acheté un Nintendo à ma fête ! »

« Grand-maman m'aime parce qu'elle ne crie jamais après moi. »

« Je sais que mon éducatrice m'aime parce qu'elle est gentille avec moi. »

Les enfants sont concrets et l'amour est, pour eux, quelque chose de visible et de palpable. Un tout-petit ressent tout, voit tout et entend tout. Il pense qu'on l'aime lorsqu'on est là pour lui et lorsqu'on fait des choses avec lui. À l'inverse, il ne se sent pas aimé lorsqu'on le dispute ou lorsqu'on lui refuse quelque chose.

Il y a de nombreux parents qui, constatant cela, ne peuvent tout simplement pas tolérer que leur enfant se sente mal aimé et ils sont prêts à presque tout pour éviter que cela se produise. Ces parents ont souvent été des enfants mal aimés eux-mêmes; ils cherchent maintenant à réparer leur passé et ils ne supportent pas que leur enfant soit fâché contre eux ou qu'il ne les aime plus, même temporairement.

Les paroles et les gestes des parents représentent pour les jeunes enfants la vérité avec un grand V. Car le tout-petit n'a pas la capacité intellectuelle de porter un jugement sur les autres ni sur lui-même. Il se fait d'abord une idée de sa valeur en s'appuyant sur la façon dont ses parents le traitent; puis, plus tard, s'ajouteront les jugements des autres adultes et ceux des amis.

Il est d'une extrême importance de développer le sentiment de sa valeur propre. Mais ce sentiment doit être réaliste. Les parents qui croient donner confiance à leur enfant en lui disant constamment qu'il est merveilleux et extraordinaire ne lui rendent pas service. Un jour ou l'autre, l'enfant fera face à des difficultés et à ses limites, et il sera d'autant plus démuni pour le faire. Il est important de dire à l'enfant qu'il est beau et gentil, mais il faut aussi souligner les traits de son caractère qu'il doit améliorer et les difficultés qu'il doit surmonter. Il est possible de le faire tout en préservant son estime de soi.

Mon enfant se sent aimé et accepté

◆ ◆ ◆

A. De l'enfant rêvé à l'enfant réel

Lorsqu'on attend un bébé, on l'imagine et, bien sûr, il ne peut être que beau, intelligent et gentil. On lui attribue toutes les qualités du père et de la mère mais aucun de leurs défauts.

Tout en rêvant d'un enfant merveilleux, on ne peut toutefois empêcher le doute et l'anxiété de venir nous tenailler. Dans ces moments-là, on espère que l'enfant sera tout simplement en santé.

Lorsque l'enfant paraît, les parents doivent apprivoiser tranquillement le bébé réel et faire le deuil de celui dont ils avaient rêvé. Et cela n'est pas toujours facile. Certains parents s'accrochent à leur rêve et veulent à tout prix que leur petit ressemble à ce qu'ils espéraient. Dans ce cas, il y a le danger que l'enfant ne se sente jamais à la hauteur. Il y a d'autres parents qui agissent comme si leur bébé était effectivement la perfection incarnée et ils sont surpris lorsqu'il commence à affirmer son individualité. Il y a ici le risque que cet enfant ne se sente pas le droit d'être différent ou d'être lui-même. D'autres parents, enfin, sont si déçus devant l'enfant réel qu'ils ont de la difficulté à l'accepter; cet enfant se verra toujours comme un être incomplet.

Les parents qui acceptent de voir leur enfant tel qu'il est, avec ses forces et ses limites, lui rendent un immense service. En effet, ils l'aident à se construire une certitude intérieure d'être quelqu'un de bien, d'être quelqu'un qui travaille activement à s'améliorer.

◆ Est-ce que j'accepte mon enfant tel qu'il est ?

En quoi votre enfant ressemble-t-il à l'enfant rêvé ?

....

....

....

En quoi diffère-t-il de l'enfant rêvé ?

....

....

....

(Placez ici la photo de votre enfant)

En regardant la photo, décrivez votre enfant.

....

....

....

....

....

....

....

Les parents ne sont jamais objectifs lorsqu'ils décrivent leur enfant et cela est tout à fait normal. Lorsqu'on aime, on est hautement subjectif. Heureusement d'ailleurs que les parents sont en amour avec leur enfant, car il faut beaucoup d'amour pour le surveiller, l'encourager et lui mettre des limites. Il faut aussi beaucoup de patience mais cela, c'est une autre histoire !

B. J'APPRENDS À AIMER MON ENFANT SOUS TOUTES SES FACETTES

Sans réfléchir, indiquez ici la dimension humaine la plus importante pour vous.
(✔ cochez dans la case appropriée)

La beauté	❑
L'intelligence	❑
La gentillesse	❑
La créativité	❑
La sociabilité	❑
L'habilité physique	❑
La générosité	❑

Toute notre éducation nous amène à valoriser certaines qualités. Mais cela ne doit pas nous empêcher de voir les autres facettes d'une personnalité. En ce qui concerne l'enfant, si nous voulons qu'il se sente aimé globalement, nous devons chercher à l'apprécier dans toutes ses dimensions.

◆ Suis-je capable de déterminer la personnalité de mon enfant ?

Le profil d'un bébé ne peut pas être celui d'un explorateur et celui d'un décideur ne correspond pas à celui d'un magicien. Les enfants développent leurs habiletés physiques, intellectuelles, affectives et sociales de façon graduelle et régulière. Ce développement se fait en dents de scie et les régressions temporaires sont tout à fait normales.

Sur une échelle graduée de 1 à 10 (1 correspondant à ***Pas du tout***, 5 à ***Moyennement*** et 10 à ***Énormément***)**, déterminez le profil de votre enfant.**
(✔ cochez dans les cases de votre choix)

	1	2	3	4	5	6	7	8	9	10
Sur le plan physique										
Beauté du visage	❑	❑	❑	❑	❑	❑	❑	❑	❑	❑
Beauté du corps	❑	❑	❑	❑	❑	❑	❑	❑	❑	❑
Harmonie du corps	❑	❑	❑	❑	❑	❑	❑	❑	❑	❑

	1	2	3	4	5	6	7	8	9	10
Habiletés physiques	❑	❑	❑	❑	❑	❑	❑	❑	❑	❑
Curiosité en action	❑	❑	❑	❑	❑	❑	❑	❑	❑	❑
Motricité fine (dessiner, enfiler des perles)	❑	❑	❑	❑	❑	❑	❑	❑	❑	❑
Motricité globale (courir, grimper)	❑	❑	❑	❑	❑	❑	❑	❑	❑	❑
Souplesse	❑	❑	❑	❑	❑	❑	❑	❑	❑	❑
Expressivité	❑	❑	❑	❑	❑	❑	❑	❑	❑	❑

Sur le plan intellectuel	1	2	3	4	5	6	7	8	9	10
Curiosité	❑	❑	❑	❑	❑	❑	❑	❑	❑	❑
Capacité de concentration	❑	❑	❑	❑	❑	❑	❑	❑	❑	❑
Capacité d'attention	❑	❑	❑	❑	❑	❑	❑	❑	❑	❑
Capacité de s'exprimer	❑	❑	❑	❑	❑	❑	❑	❑	❑	❑
Capacité d'écouter	❑	❑	❑	❑	❑	❑	❑	❑	❑	❑
Capacité de faire de petits raisonnements logiques	❑	❑	❑	❑	❑	❑	❑	❑	❑	❑
Capacité d'imiter des comportements	❑	❑	❑	❑	❑	❑	❑	❑	❑	❑
Désir d'apprendre	❑	❑	❑	❑	❑	❑	❑	❑	❑	❑
Capacité de jouer	❑	❑	❑	❑	❑	❑	❑	❑	❑	❑

Sur le plan affectif	1	2	3	4	5	6	7	8	9	10
Capacité de sourire et de rire	❑	❑	❑	❑	❑	❑	❑	❑	❑	❑
Capacité d'écoute	❑	❑	❑	❑	❑	❑	❑	❑	❑	❑
Gentillesse	❑	❑	❑	❑	❑	❑	❑	❑	❑	❑
Capacité de s'affirmer	❑	❑	❑	❑	❑	❑	❑	❑	❑	❑
Capacité de persévérer dans ses demandes	❑	❑	❑	❑	❑	❑	❑	❑	❑	❑
Capacité de séduire	❑	❑	❑	❑	❑	❑	❑	❑	❑	❑

	1	2	3	4	5	6	7	8	9	10
Capacité d'inventer des histoires	❑	❑	❑	❑	❑	❑	❑	❑	❑	❑
Générosité	❑	❑	❑	❑	❑	❑	❑	❑	❑	❑
Capacité d'être affectueux	❑	❑	❑	❑	❑	❑	❑	❑	❑	❑

Sur le plan social

	1	2	3	4	5	6	7	8	9	10
Intérêt pour les autres	❑	❑	❑	❑	❑	❑	❑	❑	❑	❑
Désir d'aller vers les autres	❑	❑	❑	❑	❑	❑	❑	❑	❑	❑
Confiance en soi en présence des autres	❑	❑	❑	❑	❑	❑	❑	❑	❑	❑
Désir de partager	❑	❑	❑	❑	❑	❑	❑	❑	❑	❑
Désir de communiquer	❑	❑	❑	❑	❑	❑	❑	❑	❑	❑
Capacité d'écouter les autres	❑	❑	❑	❑	❑	❑	❑	❑	❑	❑
Capacité de quitter les parents	❑	❑	❑	❑	❑	❑	❑	❑	❑	❑
Capacité d'organisation	❑	❑	❑	❑	❑	❑	❑	❑	❑	❑
Capacité de tolérer la frustration	❑	❑	❑	❑	❑	❑	❑	❑	❑	❑

Sur chacun des plans abordés, vous pouvez maintenant dresser le profil de votre enfant en soulignant ses principales forces *(l'essentiel de vos notes de 5 à 10)* et ses plus importantes faiblesses *(l'essentiel de vos notes de 1 à 5)*.

Physique

Forces ....

....

Faiblesses ....

....

Intellectuel

Forces ....

....

Faiblesses ....

....

Affectif

Forces ....

....

Faiblesses ....

....

Social

Forces ....

....

Faiblesses ....

....

◆ Est-ce que je reconnais que mon enfant a un tempérament unique ?

Les parents ont beaucoup d'influence sur leur enfant, mais ils ne doivent pas minimiser l'importance du tempérament inné.

À NOTER

Plusieurs recherches démontrent que certains traits de caractère ou certaines attitudes de base sont innés. À cet effet, des chercheurs travaillent souvent avec des jumeaux identiques qui ont été élevés dans des familles différentes et dans des milieux diversifiés. Les jumeaux identiques ont plusieurs traits de personnalité identiques, peu importe la façon dont ils ont été élevés.

Cela ne signifie pas qu'il est inutile de chercher à éduquer les enfants. Au contraire, car les parents jouent un rôle indispensable de guides; ils peuvent aider l'enfant à donner le meilleur de lui-même.

◆ Suis-je capable de déterminer le tempérament dominant de votre enfant ?

Selon deux chercheurs, Chess et Thomas, on peut distinguer trois types de tempérament : facile, lent et difficile. Chaque enfant est une sorte de mélange des trois car il est unique.

Voici les caractéristiques dominantes de mon enfant.
(✔ cochez dans les cases appropriées)

Types de tempérament [1]

	FACILE **Beaucoup**	LENT **Variable**	DIFFICILE **Peu**
Manger, dormir, uriner, déféquer avec régularité	❑	❑	❑
Bouger et se mouvoir	❑	❑	❑
Percevoir les stimuli extérieurs	❑	❑	❑
Fixer son attention	❑	❑	❑
Conserver son attention en dépit d'une distraction	❑	❑	❑
Réagir à la nouveauté	❑	❑	❑
Adapter l'intensité de sa réaction aux stimuli	❑	❑	❑
S'adapter à la nouveauté	❑	❑	❑
Manifester plaisir et contentement de façon régulière	❑	❑	❑

Un bébé qui a un tempérament ***difficile*** demande beaucoup d'attentions, mais il peut devenir un enfant dynamique et décidé. Celui qui a un tempérament ***lent*** peut être exaspérant, mais il peut devenir un enfant calme et réfléchi. Quant à celui qui a un tempérament ***facile*** , il peut passer un peu inaperçu si on n'y prend garde.

Il ne faut pas oublier que les parents ont eux aussi un tempérament. Un parent qui est ***lent*** aura plus de difficulté à accepter un enfant agité ou irrégulier. Un parent ***distrait***, qui manque de concentration, sera comblé par un enfant facile et qui s'adapte aisément aux changements. Un parent ***calme*** et qui aime bien la nouveauté aura de la difficulté à vivre avec un bébé nerveux qui a besoin de stabilité.

En vous basant sur l'exercice qui porte sur les types de tempérament, déterminez quels sont les aspects du tempérament de votre enfant qui favorisent votre relation avec lui.

....

....

....

En vous basant sur l'exercice qui porte sur les types de tempérament, déterminez quels sont les aspects du tempérament de votre enfant qui nuisent à votre relation avec lui.

....

....

....

1 Duclos, Laporte et Ross (1994).

En vous basant sur l'exercice qui porte sur les types de tempérament, déterminez quels sont les aspects de votre tempérament qui favorisent votre relation avec votre enfant.

....

....

....

En vous basant sur l'exercice qui porte sur les types de tempérament, déterminez quels sont les aspects de votre tempérament qui nuisent à votre relation avec votre enfant.

....

....

....

◆ Est-ce que je connais bien les forces de mon enfant ?

Une personne s'actualise en misant sur ses forces et non sur ses faiblesses. Si vous désirez développer l'estime de soi de votre enfant, vous devez prendre conscience de ses forces.

Voici quelles sont les forces de mon enfant.

Forces physiques (beauté, endurance, santé, habiletés, etc.)

....

....

....

Forces intellectuelles (curiosité, concentration, habiletés verbales, etc.)

....

....

....

Forces sociales (goût de partager, jovialité, etc.)

....

....

....

Forces personnelles (générosité, tendresse, gentillesse, etc.)

....

....

....

◆ Est-ce que j'accepte les faiblesses de mon enfant ?

Tout être humain a des forces et des faiblesses. Avoir une bonne estime de soi, c'est aussi reconnaître ses faiblesses et travailler à s'améliorer.

Voici quelles sont les faiblesses de mon enfant.

Faiblesses physiques (problème de santé, inhabiletés, retard moteur, etc.)

....

....

....

Faiblesses intellectuelles (lenteur, manque d'attention, retard verbal, etc.)

....

....

....

Faiblesses sociales (gêne, difficultés à partager, etc.)

....

....

....

Faiblesses personnelles (attitude renfermé, colérique, etc.)

....

....

....

Il est possible de déterminer les forces et les faiblesses d'un enfant à un moment donné. Mais il faut garder en tête que celui-ci est continuellement en développement et que rien ne permet de prédire ce qu'il sera demain ou ce qu'il deviendra dans un avenir lointain.

Les parents doivent cultiver l'espoir.
◆ Les enfants sont capables de changement. ◆
Rien n'est figé à jamais.

C. Je montre mon amour à mon enfant

◆ Est-ce que je connais bien mes façons de montrer mon amour à mon enfant ?

Quelles sont vos façons privilégiées de montrer, en paroles et en actions, votre amour à votre bébé ?

....

....

....

Quelles sont vos façons privilégiées de montrer, en paroles et en actions, votre amour à votre explorateur ?

....

....

....

Quelles sont vos façons privilégiées de montrer, en paroles et en actions, votre amour à votre décideur ?

....

....

....

Quelles sont vos façons privilégiées de montrer, en paroles et en actions, votre amour à votre magicien ?

....

....

....

Chacun a un style personnel pour exprimer son amour. Ce style lui vient de sa propre enfance, mais aussi de la conception qu'il se fait du parent idéal.

L'important est de se rappeler toujours que notre enfant, pour se sentir aimé, a besoin :

- de caresses et de baisers;
- de mots doux;
- d'une présence agréable.
- de petits « spéciaux » (surprises, privilèges);
- de moments de plaisir et de rire;

Peu importe la façon d'aimer, les parents doivent DIRE et AGIR leur amour.

D. Je montre à mon enfant que je l'accepte

Accepter son enfant, c'est accueillir autant ses faiblesses que ses forces. Mais cela ne signifie pas qu'on reste passif face à ses défauts. Au contraire, il faut agir par rapport à eux. Cela montre à l'enfant qu'on l'aime entièrement même si on n'aime pas certains de ses comportements.

◆ Est-ce que j'accepte toutes les facettes de mon enfant ?

Parmi les attitudes suivantes, quelles sont celles qui permettent au bébé de se sentir accepté ?

(✔ cochez dans les cases de votre choix)

1. Lui fournir des routines claires quels que soient ses comportements ❑
2. Lui donner des caresses, des baisers ❑
3. Le tenir constamment dans ses bras ❑
4. L'allaiter ❑
5. Le stimuler, l'intéresser à des objets même lorsqu'il est fatigué ❑
6. Lui fournir des occasions de voir et de toucher à plusieurs choses ❑
7. L'amener faire un ballade en automobile pour l'endormir ❑
8. Lui parler beaucoup ❑
9. Ne jamais le faire garder ❑
10. Le bercer lorsqu'il est épuisé ❑

(Les attitudes 1, 2, 6, 8, et 10 permettent au bébé de se sentir accepté.)

Parmi les attitudes suivantes, quelles sont celles qui permettent à l'explorateur de se sentir accepté ?

1. Le mettre dans son parc le plus souvent possible ❑
2. Lui permettre de fouiller en toute sécurité ❑
3. Lui chanter des chansons, lui parler ❑
4. Lui donner des aliments variées ❑

5. Lui laisser faire toutes les expériences ❑

6. Éviter d'aller visiter des amis, des connaissances ❑

7. Ne pas le faire garder ❑

8. Lui dire qu'il est « méchant » lorsqu'il vous tire les cheveux ❑

9. Le faire marcher en le laissant s'agripper à votre main ❑

10. Lui fournir des stimulations variées ❑

(Les attitudes 2, 3, 4, 9 et 10 permettent à votre explorateur de se sentir accepté.)

Parmi les attitudes suivantes, quelles sont celles qui permettent au décideur de se sentir accepté ?

1. Lui dire qu'il est capable ❑

2. L'habiller entièrement ❑

3. Le laisser choisir ce qu'il veut manger ❑

4. Lui laisser faire le choix, de temps à autre, entre deux choses ❑

5. Adapter le temps du magasinage à sa capacité de tolérer la frustration ❑

6. Le disputer s'il ne prête pas ses jouets ❑

7. Accepter qu'il dise non de temps à autre ❑

8. Le distraire lorsqu'il commence une crise ❑

9. Le laisser « gagner » la plupart du temps ❑

10. Lui laisser le temps de s'expliquer ❑

(Les attitudes 1, 4, 5, 7, 8 et 10 aident votre décideur à se sentir accepté.)

Parmi les attitudes suivantes, quelles sont celles qui permettent au magicien de se sentir accepté?

1. Lui fournir des jouets variés ❑

2. Lui fournir des jeux symboliques : une épée, un fusil, une poupée ❑

3. L'écouter raconter ses fabulations ❑

4. Le traiter de « menteur » lorsqu'il ne me dit pas la vérité ❑

5. L'encourager à jouer à l'extérieur tous les jours ❑

6. L'obliger à s'amuser avec sa cousine qu'il n'aime pas ❏

7. L'encourager à se faire des amis ❏

8. Réaliser qu'il nous manipule et accepter qu'il le fasse de temps à autre ❏

9. L'envoyer dans sa chambre lorsqu'il a dépassé les bornes ❏

10. Reconnaître ses peurs au moment du coucher ❏

(Les attitudes 1, 2, 3, 5, 7, 8, 9 et 10 aident votre magicien à se sentir accepté.)

Pour sentir qu'il est accepté, un enfant a besoin :

- qu'on le reconnaisse comme un tout, avec ses forces, ses faiblesses, ses sentiments, son rythme et son niveau de développement;
- qu'on reconnaisse sa personnalité et qu'on valide ses idées et ses émotions;
- qu'on le structure et l'encourage.

Mon enfant apprend à se connaitre et à s'aimer

◆ ◆ ◆

L'estime de soi, c'est la conscience de sa valeur. Un enfant apprend à se connaître et à s'aimer essentiellement par les feed-back (rétroactions) qu'il reçoit de son entourage :

- si maman lui dit souvent qu'il a un beau sourire, il grandira en se percevant comme quelqu'un de souriant;
- si sa gardienne lui dit souvent qu'il parle mal, il grandira en se disant qu'il ne sait pas communiquer;
- si papa le félicite lorsqu'il s'améliore à bicyclette, il grandira en se disant qu'il est habile;
- si son grand-père le dispute à chaque fois qu'il grimpe quelque part, il grandira en se disant qu'il n'est pas gentil.

La perception de soi d'un enfant dépend davantage de la façon dont ses parents réagissent que des succès réels qu'il connaît. C'est ainsi que des enfants se trouvent « bons » alors que leurs résultats sont moyens tandis que d'autres qui sont très « performants » manquent de confiance en eux.

A. J'aide mon enfant à se connaître

Même si vous aimez votre enfant et même si vous reconnaissez ses forces et acceptez ses faiblesses, il faut faire un peu plus pour qu'il apprenne à se connaître.

La conscience de soi et la certitude d'être un individu à part entière se développent graduellement. Par exemple, la reconnaissance de soi dans un miroir arrive entre 9 et 12 mois. L'enfant peut se distinguer des autres sur les photos entre 15 et 18 mois et il acquiert la certitude d'être un garçon ou une fille vers 20 mois. L'enfant dira « je » en parlant de lui vers 3 ans.

Tout se passe comme si, à la naissance, le **bébé** ne faisait pas encore la différence entre lui et sa mère. Notons que cela est tout à fait normal après 9 mois de symbiose. Puis, la réalité l'oblige à se rendre compte qu'il est différent et qu'il a quelque chose à faire pour qu'on satisfasse ses besoins : il doit pleurer pour obtenir le sein ou le biberon, crier ou sourire pour qu'on s'occupe de lui, ou gigoter pour qu'on se rende compte qu'il est inconfortable.

« Tiens, tiens, semble-t-il se dire, je suis quelqu'un de différent de ma mère ! Et puis, il y a autour de nous, un monsieur qui s'occupe de moi et qui me fait bien rire; il paraît que c'est mon père ! Il y a aussi d'autres frimousses qui viennent à l'occasion me faire des grimaces ou me donner des baisers; ce sont mes frères et mes soeurs à ce qu'on me dit. »

Au fil du temps, les capacités du bébé se développent et s'affinent. L'**explorateur** découvre qu'il peut ramper, puis marcher, et il acquiert ainsi le sentiment qu'il peut faire des choses par lui-même, de sa propre volonté.

« Tiens, je suis différent de maman puisqu'elle me regarde avec des yeux remplis d'effroi lorsque je tire très fort sur la nappe et puisque je peux faire courir papa comme un champion lorsque je fais mine de me diriger vers l'escalier. »

Le **décideur**, pour sa part, exercera de façon intense son pouvoir de décision et il se rendra compte qu'il est quelqu'un de très spécial.

« Tiens, mes parents suent à grosses gouttes lorsque je refuse de lâcher le bonbon que j'ai attrapé au magasin et que je me mets à hurler à pleins poumons. Tiens, ils ne peuvent vraiment rien contre moi lorsque je décide de faire mon caca dans un coin du salon. »

Quant au **magicien**, il découvre tout le pouvoir que lui confère le fait d'être un garçon ou une fille. Il exercera ce pouvoir de séduction et de manipulation auprès du parent du sexe opposé. De plus, entrant dans le monde de l'imaginaire, il inventera des histoires aussi bien dans la vraie vie qu'en jouant.

« Tiens, je peux dire que c'est mon petit frère qui a fait tomber la lampe. Mes parents ne peuvent pas toujours lire dans ma tête. Je suis quelqu'un de spécial pour papa puisqu'il accepte toujours de me lire une seconde histoire. »

Les parents peuvent aider l'enfant à se connaître en :

- le traitant comme une personne à part entière;
- lui parlant de ses forces, de ses qualités et de ses défauts;
- lui permettant de s'identifier à eux;
- validant ses émotions;
- soulignant qu'il grandit et qu'il deviendra de plus en plus habile en vieillissant.

◆ Est-ce que je donne du feed-back à mon enfant pour l'aider à se connaître ?

Durant les deux prochains jours, observez votre façon de donner du feed-back à votre enfant.

Type de feed-back	*Ma façon de le faire*	*L'événement déclencheur*
Je félicite (Bravo !)		
Je cajole (Caresses, etc.)		
J'encourage (Continue...)		
Je récompense (Surprise!)		

Type de feed-back	*Ma façon de le faire*	*L'événement déclencheur*
Je souligne (J'ai bien vu que...)		
Je décris (Tu as réussi à mettre tes bas...)		
Je réprimande (Non, je ne veux pas que...)		
J'accuse (Tu n'es pas gentille...)		
Je critique (Tu ne fais jamais rien...)		
Je crie		

Un feed-back peut être positif ou négatif. Il ne faut jamais oublier de souligner les points forts de l'enfant. On doit également lui indiquer ses difficultés, mais toujours en ménageant son amour-propre.

Indiquez le feed-back positif que vous donnez à votre enfant.

Comportements à souligner positivement (s'habiller, ramper, parler, etc.)	*Façons de faire*
....	....
....	....
....	....
....	....

Attitudes à souligner positivement (bonne humeur, gentillesse, etc.)	*Façons de faire*
....	....
....	....
....	....
....	....

Traits de personnalité à souligner positivement (concentration, détermination, etc.)	*Façons de faire*
....	....
....	....
....	....
....	....

Indiquez le feed-back que vous donnez à votre enfant par rapport à ses difficultés.

Comportements à souligner (toucher à la cuisinière, tirer les cheveux, etc.)	*Façons de faire*
....	....
....	....
....	....
....	....

Attitudes à souligner (mauvaise humeur, opposition, etc.)	*Façons de faire*
....	....
....	....
....	....
....	....

Traits de personnalité à souligner (lenteur, distractibilité, etc.)	*Façons de faire*
....	....
....	....
....	....
....	....

Il faut éviter de souligner négativement les comportements ou les attitudes qui sont liés au développement.

Par exemple :

 chez les bébés : pleurer, crier, demander de l'attention, etc.

 chez les explorateurs : fouiller, mal prononcer des mots, toucher à tout, etc.

 chez les décideurs : dire « non », vouloir tout décider, crier, etc.

 chez les magiciens : fabuler, inventer, jouer avec un fusil, etc.

Cela ne signifie pas que vous allez tout accepter de votre enfant, mais cela veut dire que vous reconnaissez qu'il traverse une étape spécifique de son développement. Guidez-le alors dans la recherche de solutions acceptables .

Étant donné qu'il est beaucoup plus difficile de donner du feed-back sur des comportements, des attitudes et des traits de personnalité qu'on juge négatifs, il importe de regarder cela de plus près.

◆ Quels sont les jugements que je porte sur les aspects négatifs que je trouve à mon enfant ?

Qu'est-ce qui vous irrite chez votre bébé ?

....

....

Qu'est-ce qui vous irrite chez votre explorateur ?

....

....

Qu'est-ce qui vous irrite chez votre décideur ?

....

....

Qu'est-ce qui vous irrite chez votre magicien ?

....

....

Selon vous, pourquoi cela vous irrite-t-il ?

....

....

Selon vous, votre enfant est-il responsable de ce qui vous irrite ?

....

....

Comment interprétez-vous les comportements de votre enfant qui vous irritent ?
(✔ cochez dans les cases de votre choix)

Il a un mauvais caractère ❏

Il fait exprès ❏

Il manipule ❏

C'est génétique	❑
C'est lié au développement	❑
C'est irréversible	❑
Il faut laisser faire le temps	❑
Tout va s'arranger sans intervention	❑
Je voudrais faire quelque chose mais je ne sais pas quoi	❑
Mon enfant n'a pas de problème mais ses comportements me rappellent un traumatisme de mon enfance	❑
Il a un problème et j'avais le même quand j'étais enfant	❑
Il me rappelle quelqu'un avec lequel je suis ou j'étais en conflit	❑
Il est méchant avec moi et il m'en veut	❑
Nous avons, lui et moi, une incompatibilité de caractère	❑
Je projette mes propres problèmes sur mon enfant	❑
C'est moi le problème et mon enfant n'en a aucun	❑
Mon conjoint ou ma conjointe est responsable des comportements qui m'irritent	❑

La plupart du temps, les comportements de l'enfant qui nous irritent sont liés à la fois à son caractère (il est agité, il ne porte pas attention, il est lent) et à nos caractéristiques personnelles (notre caractère, nos expériences passées, notre compréhension du problème). Il faut apprendre à faire la part des choses; cela nous permet de nuancer nos jugements et, par le fait même, d'être moins négatifs dans les feed-back que nous lui adressons.

À NOTER

Des patients psychiatriques adultes ont répondu à un questionnaire sur la perception de leur estime de soi lorsqu'ils étaient enfants. Les hommes semblent avoir été plus marqués que les femmes par les paroles et les actions dévalorisantes de leur père et de leur mère. Pour leur part, les femmes ont été plus marquées par le rejet de leur père que par celui de leur mère. [2]

2 Conte, Plutchik, Picard, Buck (1996).

◆ Comment est-ce que je réagis aux difficultés de mon enfant ou, à tout le moins, à ce que j'estime être des difficultés ?

Voici de quelle façon je réagis la plupart du temps aux difficultés de mon enfant.
(✔ cochez dans les cases de votre choix)

1. Je feins d'ignorer (Je quitte la pièce, je le laisse pleurer, je fais la sourde oreille) ❑
2. Je crie et je frappe (Vas-tu me laisser tranquille, ôte-toi de là) ❑
3. Je dispute (Je t'ai dit de ne pas toucher à la plante, je ne veux pas que tu...) ❑
4. Je souligne la chose (Tu chiales toujours, encore une fois tu m'as désobéis...) ❑
5. Je décris ce qui se passe (Je me rends compte que tu pleures à chaque fois que je change de pièce, je vois bien que cela te met en colère...) ❑
6. J'accuse (Tu es méchante avec moi, tu ne fais jamais rien de bien) ❑
7. Je réagis en faisant ou en disant quelque chose (Je prends l'enfant et je l'amène dans une autre pièce, je suggère une activité de jeu...) ❑
8. Je reflète les sentiments (Tu sembles très en colère contre ton petit frère, je pense que cela te fait beaucoup de peine que maman parte sans toi...) ❑
9. Je fais appel à l'humour (On dirait un petit chat enragé...) ❑
10. J'explique les choses (Tu sais bien que les bonbons, ce n'est pas bon pour les dents...) ❑

Ces diverses façons de donner du feed-back en rapport avec une difficulté permettent toutes à l'enfant de se connaître davantage, mais elles n'ont pas toutes la même résonance. Certaines favorisent l'estime de soi de l'enfant, d'autres en tiennent peu compte alors qu'il y en a qui nuisent carrément à la construction d'une image positive.

Selon vous, parmi les 10 façons de donner du feed-back, lesquelles favorisent l'estime de soi de l'enfant ?

....

....

Lesquelles tiennent peu compte de l'estime de soi de l'enfant ?

....

....

....

Lesquelles nuisent à l'estime de soi de l'enfant ?

....

....

....

La plupart du temps, les façons de réagir 5, 7 et 8 sont celles qui favorisent l'estime de soi de l'enfant tout en lui permettant de mieux se connaître; les façons de réagir 1, 3, 9 et 10 sont celles qui tiennent peu compte de l'estime de soi de l'enfant mais qui lui permettent quand même de mieux se connaître; enfin, les façons de réagir 2, 4 et 6 sont celles qui nuisent à l'estime de soi de l'enfant et qui encouragent une perception négative de soi.

Les jeunes enfants ne comprennent pas les longues explications. Ils ne saisissent pas facilement l'humour et peuvent même l'interpréter comme une critique négative. Ils reçoivent tout ce qu'on leur dit et tout ce qu'on leur fait au premier degré, directement, sans censure ni autocritique.

B. J'aide mon enfant à s'aimer

◆ Est-ce que j'aide mon enfant à être fier d'être un garçon ou fière d'être une fille ?

L'identité sexuelle est centrale dans le développement d'une bonne estime de soi. Comment être bien dans sa peau si on n'aime pas être un garçon ou être une fille? Cela n'est tout simplement pas possible. Les parents doivent donc aider leurs tout-petits à être fiers de leur sexe.

Dans notre société où la définition des rôles sexuels est en constante évolution, où les femmes se sentent débordées et incomprises et où les hommes s'estiment dépassés et incompris, ce n'est pas une mince affaire que d'aider les enfants à se définir dans leur identité sexuelle.

Nier les différences entre filles et garçons n'est pas une solution viable. De nombreuses recherches mettent en évidence certaines différences innées entre les deux sexes et d'autres différences apprises socialement. Il est difficile de faire la part des choses. Chose certaine, votre petite fille et votre petit garçon ont le droit d'être acceptés comme ils sont, avec leurs différences, et chacun d'eux a besoin d'être valorisé dans sa féminité ou dans sa masculinité.

◆ Est-ce que je connais bien ma perception des garçons et des filles ?

Selon vous, quelles sont les qualités des garçons ?

....

....

....

Selon vous, quelles sont les qualités des filles ?

....

....

....

Lorsque vous attendiez votre enfant, désiriez-vous qu'il soit d'un sexe plutôt que d'un autre ?

....

Pourquoi ?

....

De façon habituelle, comment parlez-vous des hommes ?
(✔cochez dans les cases de votre choix)

Positivement ❑ Négativement ❑ Plutôt positivement ❑ Plutôt négativement ❑

De façon habituelle, comment parlez-vous des femmes ?
(✔ cochez dans les cases de votre choix)

Positivement ❑ Négativement ❑ Plutôt positivement ❑ Plutôt négativement ❑

Est-ce que vous exprimez à votre enfant votre bonheur et votre fierté qu'il soit un garçon ou qu'elle soit une fille ?
(✔ cochez dans les cases de votre choix)

Très souvent ❑ Souvent ❑ Assez souvent ❑ Peu souvent ❑ Rarement ❑

Si vous voulez aider votre enfant à aimer son sexe et à éprouver de la fierté, vous devez d'abord et avant tout clarifier votre perception des femmes et des hommes, mettre l'accent sur les points forts de chacun et en faire part à votre enfant.

◆ Est-ce que j'aide mon enfant à reconnaître ses émotions et à les accepter ?

La peine, la colère, la honte, la joie, l'enthousiasme, l'anxiété et la peur sont des émotions qui seront vécues tout le long de la vie. Les parents préféreraient peut-être que leur enfant n'éprouve que des émotions positives, mais cela est évidemment impossible. De toute façon, cela nuirait à son développement; en effet, comment affronter les vicissitudes de la vie si on n'a pas appris à faire face à la peur et à la colère?

Les bébés réagissent fortement aux émotions de leurs parents. Il n'y a pas meilleur baromètre des émotions qu'eux. De plus, ils arrivent rapidement à imiter les expressions faciales et verbales qui sont liées aux émotions. Ils apprennent d'abord en imitant leurs parents même si on peut dire aussi qu'ils éprouvent dès la naissance des émotions de façon indépendante.

Il est important de valider ou d'accepter les émotions que les jeunes enfants ressentent afin qu'ils acceptent cette dimension essentielle de leur humanité.

À NOTER

La capacité de reconnaître et de différencier les visages humains et de comprendre l'expression faciale des émotions joue un rôle important dans le développement social de l'enfant. [3]

Les nouveau-nés, qui ont entre 7 à 72 heures, peuvent imiter un adulte ouvrant la bouche et tirant la langue. [4]

3 Maurer et Salapatek (1976).

4 Meltzoff et Moore (1983).

Comment votre enfant exprime-t-il :

Sa joie ....

Sa peine ....

Sa colère ....

Sa peur ....

Son anxiété ....

Son plaisir ....

Comment pouvez-vous accepter ou valider ces émotions ?
(✔ cochez dans les cases appropriées)

- En réagissant rapidement (Consoler, protéger, rire avec lui) ❑
- En verbalisant l'émotion (Je vois que tu es triste; Ça te met en colère; Ça te fait plaisir) ❑
- En encourageant l'expression des émotions (Tu as le droit de ne pas être content, Tu peux rire, c'est vrai que c'est drôle) ❑
- En donnant des mots à l'enfant pour dire son émotion (Tu peux dire « non »; Dis-le que tu as peur du chien) ❑
- En acceptant l'émotion même si vous n'acceptez pas le comportement (Tu es fâché mais je ne veux pas que tu frappes ton amie; Tu es excitée mais je n'aime pas ça que tu sautes partout) ❑

Comment vous-même exprimez-vous vos émotions ?

La joie ....

La peine ....

La colère ....

La peur ....

L'anxiété ....

Le plaisir ....

À NOTER

Le tout-petit apprend à reconnaître son « moi » en développant son habileté à faire la distinction entre ses pensées et ses émotions. [5]

Trouvez-vous que vous êtes un bon modèle ?

....

5 Bohlander (1995).

◆ Est-ce que j'aide mon enfant à identifier ses qualités ?

En faisant part régulièrement à votre enfant des qualités que vous lui reconnaissez, vous l'aidez à prendre conscience de sa valeur et à identifier lui-même ses qualités. Il faut noter, toutefois, que ce n'est pas avant 7 ou 8 ans qu'il pourra s'observer véritablement et porter un jugement concret et logique sur lui-même.

Il vous est possible de soutenir ce processus :

- en lui demandant de faire de petits choix (Veux-tu tes carottes crues ou cuites? une douche ou un bain ?);
- en lui demandant de dire ce qu'il veut, ce qu'il désire, ce qu'il n'aime pas;
- en prêtant attention à ses réponses même si elles sont parfois surprenantes;
- en lui demandant, vers l'âge de 4 ou 5 ans, de décrire ce qu'il dessine, son jeu ou ses sentiments;
- en lui demandant son avis (Préfères-tu le rouge ou le vert ? Trouves-tu que c'est un beau dessin ? As-tu été gentil avec la gardienne ?). Peu importe ici que l'enfant dise ou non la vérité; l'important est qu'il se sente concerné personnellement par la question et qu'il apprenne à valoriser ses goûts, ses opinions et ses jugements.

PETIT JEU ◆ ◆ ◆

DESTINÉ AUX ENFANTS D'AU MOINS 3 ANS POUR QU'ILS APPRENNENT À IDENTIFIER LEURS QUALITÉS.

- Choisissez des animaux de toutes sortes parmi les «toutous» et les jouets de l'enfant;
- présentez-lui un animal à la fois;
- imitez le comportement de l'animal et demandez à l'enfant d'en faire autant : cri, démarche, etc.
- soulignez les qualités de cet animal (il est fort, il est rapide, etc.) et demandez à l'enfant de vous aider à le faire;
- recommencez avec d'autres animaux (si votre enfant est fatigué, arrêtez le jeu);
- par la suite, demandez-lui de choisir son animal préféré, de mimer ou de jouer à être cet animal;
- parlez- lui en le comparant à des animaux : aussi fort que l'ours, aussi rapide que la gazelle, aussi beau que l'oiseau, aussi solide que l'éléphant, etc.

N'oubliez jamais que les enfants sont concrets et qu'il vaut mieux que la parole s'accompagne d'exemples.

◆ Est-ce que j'aide mon enfant à s'aimer lorsqu'il rencontre des difficultés?

Nous savons que notre façon de réagir aux difficultés de l'enfant peut avoir une influence directe sur son estime de soi. Nous reconnaissons, de plus, que l'enfant peut avoir plus ou moins de difficulté à accepter le fait qu'il se trompe ou qu'il fasse des erreurs.

Certains enfants n'agissent que lorsqu'ils sont certains de réussir. Par exemple, il y en a qui ne parlent que lorsqu'ils ont emmagasiné tout un bagage de mots; d'autres n'acceptent de prendre leur tricycle que lorsqu'ils sont convaincus d'être capables de pédaler. Ces enfants-là n'acceptent pas facilement d'être pris en défaut. Nous verrons, au chapitre suivant, comment les aider à vivre du succès. Pour l'instant, regardons comment des parents peuvent aider leur enfant à s'aimer malgré ses imperfections.

Accepteriez-vous que votre enfant...
(✔cochez dans les cases de votre choix)

	Un peu	Parfois	Souvent	Toujours
Ait un défaut physique (un gros nez, etc.)	❑	❑	❑	❑
Ne soit pas toujours « à la mode »	❑	❑	❑	❑
Soit sale parfois	❑	❑	❑	❑
Soit trop maigre ou trop gros	❑	❑	❑	❑
Parle peu	❑	❑	❑	❑
Parle en confondant des sons	❑	❑	❑	❑
Parle trop fort ou trop doucement	❑	❑	❑	❑
Grimpe, court, soit agité	❑	❑	❑	❑
Soit passif, amorphe	❑	❑	❑	❑
Ait de la difficulté à manipuler des objets	❑	❑	❑	❑
Ne soit pas habile dans les activités physiques	❑	❑	❑	❑
Soit moins habile physiquement que ses amis	❑	❑	❑	❑
Soit gêné	❑	❑	❑	❑
Soit isolé	❑	❑	❑	❑
Refuse le contact avec les adultes	❑	❑	❑	❑
Ne réponde pas aux autres	❑	❑	❑	❑
Demande tout le temps de l'attention	❑	❑	❑	❑
Soit colérique	❑	❑	❑	❑
Pleure souvent	❑	❑	❑	❑
Autre (à préciser)	❑	❑	❑	❑

Il est toujours plus malaisé d'accepter les difficultés réelles, existantes, que celles qui pourraient survenir. Certaines nous touchent particulièrement, surtout si on se rappelle avoir vécu les mêmes dans notre enfance.

Ce n'est pas une mince affaire que d'accepter que notre enfant ne soit pas parfait. Plus les parents se sentent impuissants à guider leur enfant dans la résolution de ses problèmes, moins ils sont capables d'accepter ses difficultés.

Pensez-vous que votre enfant peut résoudre ses difficultés...
(✔cochez dans les cases de votre choix)

Seul	❑
Avec le temps	❑
Au fur et à mesure de son développement	❑
Avec l'aide de ses parents	❑
Avec l'aide de ses amis	❑
Avec de l'aide professionnelle	❑
Qu'il n'y a rien à faire	❑

Nous parlons ici de difficultés et non de limites réelles. Celles-ci sont rares. Il s'agit des :

- handicaps physiques (paralysie, cécité);
- handicaps intellectuels (déficience, etc.);
- limites liées au développement (un enfant ne peut pas marcher à cinq mois, etc.);
- limites liées à l'environnement (pauvreté, isolement social).

Tout le reste est du domaine des difficultés et peut donc faire l'objet d'un travail. Mais il importe de toujours demeurer réaliste en ce domaine.

Comme le mentionnent Seligan, Reitvich, Jaycox et Gilham, il est important, pour que l'enfant demeure optimiste, qu'il réalise que sa difficulté peut-être *temporaire*, *spécifique* et qu'il est *capable de faire des progrès*.

À NOTER

Le concept de soi est la façon dont un individu se représente ses croyances, ses idées et ses attitudes dans les différents rôles sociaux qu'il a à jouer. Ce concept de soi tient compte des sentiments de pouvoir, de compétence et d'acceptation de l'individu. [6]

Les parents peuvent apprendre aux enfants : à croire que leurs difficultés sont temporaires; à croire que leurs difficultés ne sont pas globales mais spécifiques; à croire qu'ils sont responsables de leurs progrès. [7]

6 Willoughby, King, Polatajko (1996).

7 Seligman, Reitvich, Jaycox, Gillham (1995).

Parmi les phrases suivantes, cochez celles qui transmettent à l'enfant le message que ses difficultés sont temporaires et celles qui lui fait croire qu'elles sont permanentes.

	Temporaires	Permanentes
1. « Mélissa, qu'est-ce qui t'arrive ? Tu es si désagréable aujourd'hui. »	❑	❑
2. « Louis, qu'est-ce qui ne va pas avec toi ? Tu es toujours enragé. »	❑	❑
3. « Isabelle, ta gardienne m'a dit que tu avais pleuré toute la journée. Tu es beaucoup trop sensible. »	❑	❑
4. « Arthur, ta gardienne m'a dit que tu avais pleuré aujourd'hui. Tu n'avais vraiment pas envie que je parte, n'est-ce pas ? »	❑	❑
5. « Pourquoi ne fais-tu jamais ce que je te demande ? Ce n'est pas difficile de ramasser tes jouets ! »	❑	❑
6. « Ça me dérange beaucoup que tu mettes toute ta chambre à l'envers en jouant avec ton ami ! »	❑	❑

Les phrases 1, 4 et 6 donnent à l'enfant le sentiment que sa difficulté est temporaire.

Parmi les phrases suivantes, cochez celles qui transmettent à l'enfant le message que ses difficultés sont spécifiques et celles qui lui font croire qu'elles sont globales.

	Spécifiques	Globales
1. « Tu agaces trop ta sœur ! »	❑	❑
2. « Tu es vraiment une méchante fille ! »	❑	❑
3. « Tu es bien comme ton père, complètement nul à la course. »	❑	❑
4. « Maintenant, Nathalie, tu vas battre ton propre record à la course ! »	❑	❑
5. « C'est difficile, Nicolas, de te faire des amis ! »	❑	❑
6. « Tu es si gênée que tu ne pourras jamais te faire des amies. »	❑	❑

Les phrases 1, 4 et 5 donnent à l'enfant le sentiment que sa difficulté est spécifique.

Parmi les phrases suivantes, cochez celles qui transmettent à l'enfant le message qu'il est responsable de ses progrès et celles qui lui font croire qu'il n'en est pas responsable.

	Responsable	Non-responsable
1. « Tu n'es vraiment pas un artiste ! »	❑	❑
2. « Il va falloir que tu t'exerces beaucoup pour devenir habile. »	❑	❑

3. « Tu vas devoir apprendre à partager. »	❑	❑
4. « Les enfants sont tellement égoïstes. »	❑	❑
5. « Arrête de poser des questions, tu m'étourdis ! »	❑	❑
6. « Je te comprends de parler sans arrêt, personne ne t'écoute ici. »	❑	❑

Les phrases 2, 3 et 6 donnent à l'enfant le sentiment qu'il est responsable de ses progrès.

◆ Est-ce que j'aide mon enfant à se projeter positivement dans l'avenir ?

Connaissez-vous l'effet Pygmalion ? Dans la mythologie grecque, Pygmalion sculpta une belle femme en ivoire et en tomba amoureux. On parle depuis de l'effet Pygmalion lorsqu'une personne se sent obligée de correspondre à l'image qu'on se fait d'elle.

Ainsi, si on prédit qu'un enfant aura de la difficulté à la garderie et si on aborde souvent ce sujet devant lui, il y a des chances que cela se réalise.

En fait, tout se passe comme si notre peur et notre conviction étaient transmises à l'enfant et que ce dernier n'avait pas d'autre choix que de s'y conformer.

Il y a là matière à réflexion. Lorsqu'on parle à son enfant de son avenir, on doit le faire avec optimisme. Lorsqu'on s'exprime devant lui, on doit mettre l'accent sur ses forces qui, lui fait-on remarquer, vont l'aider à faire face à ses difficultés.

Comme parents, vous avez vos inquiétudes qui sont parfois justifiées et qui parfois ne le sont pas. Lorsque vous parlez de vos craintes, mentionnez en même temps une ou deux solutions possibles.

Exemples d'habitudes verbales à développer chez votre enfant.

Affirmations positives	Affirmations neutres	Affirmations négatives
◆ Je suis capable	◆ Comment on fait ça?	◆ Pas capable
◆ Je vais chez mon amie pour jouer, ça va être super	◆ J'aime ça jouer avec lui	◆ Peut-être que mon ami ne voudra pas jouer avec moi
◆ Je suis bonne au ballon	◆ J'ai un beau ballon	◆ Je suis nulle au ballon
◆ Maman, regarde comme je suis bon en tricycle	◆ Maman, regarde, je suis tout en haut de l'arbre	◆ Maman, je ne veux plus faire de tricycle, je tombe tout le temps
◆ C'est moi qui vais le faire, tu l'as promis	◆ Veux-tu me laisser passer en premier ?	◆ Papa, veux-tu le faire pour moi, c'est trop difficile

Trouvez chez votre enfant (ou même chez vous) quelques exemples de ces habitudes verbales (positives, neutres, négatives).

Positives	Neutres	Négatives
....	....	....
....	....	....
....	....	....
....	....	....
....	....	....
....	....	....

Encouragez votre enfant à parler de lui en termes positifs et à s'affirmer positivement.

Acceptez les affirmations neutres, mais réagissez lorsque les affirmations sont négatives.

À NOTER

L'estime de soi n'a rien à voir avec le jovialisme. Il ne suffit pas de dire « Je suis capable » pour l'être. Par contre, si on se dit sans cesse « Je ne suis pas capable », on s'empêche de faire un effort et on ne sait jamais si oui ou non on est capable.

Car ces affirmations négatives sont des jugements d'incompétence.

Pleurer, être fâché, être déçu, avoir honte ou se sentir inquiet.... et le dire, ce n'est pas s'affirmer négativement. C'est s'exprimer avec sincérité.

MINI-TEST ET AUTO-ÉVALUATION

◆ ◆ ◆

MINI-TEST

(✔cochez dans les cases de votre choix)

	Vrai	Faux
1. Pour se sentir aimable, il faut se sentir aimé	❑	❑
2. Les petits enfants sont capables de remettre en question leurs parents	❑	❑
3. L'amour-propre est un sentiment très important dans la vie	❑	❑
4. Il faut taire aux enfants leurs difficultés si on veut développer leur estime de soi	❑	❑
5. Les paroles des parents ont peu d'influence sur leurs très jeunes enfants	❑	❑
6. Il est possible d'aider les tout-petits à différencier leurs pensées de leurs émotions	❑	❑
7. Les parents doivent souligner les forces de leur enfant	❑	❑
8. Un petit enfant sait qu'on l'aime même si on ne le lui montre pas souvent	❑	❑
9. Il faut faire connaître à l'enfant ses difficultés, mais sans l'accuser ou le déprécier	❑	❑
10. Les petits enfants font la distinction entre les paroles et les gestes de leurs parents	❑	❑

(Les réponses se trouvent en page 123.)

AUTO-ÉVALUATION

(✔cochez dans les cases de votre choix)

	Toujours	Souvent	Parfois	Rarement
Je suis capable de différencier l'enfant rêvé de l'enfant réel	❑	❑	❑	❑
Je connais le profil physique de mon enfant	❑	❑	❑	❑
Je connais son profil intellectuel	❑	❑	❑	❑
Je connais son profil affectif	❑	❑	❑	❑

	Toujours	Souvent	Parfois	Rarement
Je connais son profil social	❑	❑	❑	❑
Je reconnais que mon enfant a un tempérament bien à lui	❑	❑	❑	❑
Je reconnais ses forces dans différents domaines	❑	❑	❑	❑
Je lui souligne ses forces	❑	❑	❑	❑
J'accepte ses faiblesses	❑	❑	❑	❑
Je dis à mon enfant que je l'aime	❑	❑	❑	❑
Je lui montre que je l'aime	❑	❑	❑	❑
Je lui montre que je l'accepte	❑	❑	❑	❑
Je donne du feed-back positif à mon enfant	❑	❑	❑	❑
Je lui donne du feed-back au sujet de ses difficultés tout en ménageant son amour-propre	❑	❑	❑	❑
J'aide mon enfant à reconnaître ses émotions	❑	❑	❑	❑
Je l'aide à identifier ses qualités	❑	❑	❑	❑
Je l'aide à croire que ses difficultés sont temporaires	❑	❑	❑	❑
Je l'aide à croire que ses difficultés sont spécifiques	❑	❑	❑	❑
Je l'aide à se sentir responsable de ses progrès	❑	❑	❑	❑
J'aide mon enfant à se projeter positivement dans l'avenir	❑	❑	❑	❑

Vous pouvez maintenant répondre adéquatement aux questions suivantes.

Quelles sont vos attitudes qui permettent à votre enfant de développer une identité positive ?

....

....

....

Quelles sont les attitudes que vous devez développer pour donner à votre enfant une identité positive ?

....

....

....

Chapitre 3

Je suis bien avec les autres

Pour être bien avec soi-même, il faut d'abord l'être avec les autres. Les autres, ce sont d'abord les parents; puis, ce sont les frères et les sœurs, les personnes de la parenté, les gardiennes et les amis.

Le développement social se fait par étapes, par stades, comme le développement physique, affectif, intellectuel et moral. On commence sa vie à deux et on la finit seul, après avoir agrandi peu à peu son cercle social.

Le bébé commence sa vie sociale dans le ventre de sa mère où, après quelques mois, il reconnaît déjà la voix de cette dernière et... celle de son père. Il est déjà en relation. À deux mois, il sourit à la figure humaine. Par la suite, il exprime, par ses mimiques, toute une gamme d'émotions afin de faire savoir ce qu'il ressent à ceux qui l'entourent.

La famille est le premier lieu d'apprentissage social. Cela n'empêche pas que l'enfant, dès l'âge de 2 ans, adore être en présence d'autres enfants et que, rendu à 4 ans, il réclame à grands cris des amis. Car les adultes, c'est bien connu, ne jouent pas aussi bien que des enfants. Les amis deviennent si importants qu'un bon nombre d'enfants, de 13 p. 100 à 30 p. 100, s'inventent un ami imaginaire.

Pour développer une bonne image de soi, il faut se sentir accepté et aimé par les autres. Les enfants se forgent une image d'eux-mêmes en interagissant avec d'autres enfants.

- « Il m'a dit que j'étais un bébé lala », pleure-t-il en rentrant à la maison.
- « Tout le monde veut être mon amie », dit-elle en souriant.

Les relations sociales permettent d'apprendre que certains comportements sont désirables alors que d'autres ne le sont pas.

À NOTER

Les enfants naissent avec une propension naturelle à être introvertis ou extravertis. Ces traits de caractère semblent stables dans le temps, mais seulement en ce qui a trait aux enfants qui se retrouvent très gênés ou très sociables. [1]

Les garçons et les filles sont différents dans leurs relations sociales. Jusqu'à dix-huit mois, ils se comportent de la même façon mais, par la suite, les garçons sont plus inhibés que les filles face aux pairs étrangers. Les filles utilisent davantage des signaux indirects (regards, rires, sourires) pour entrer en contact. Les garçons sont plus directs (contacts physiques, actions). Les garçons font preuve d'initiative deux fois plus souvent que les filles. Celles-ci sont plus inhibées avec les garçons que l'inverse. Elles respectent plus les règles de conduite. [2]

Avec les tout-petits, les parents ont plus d'influence que les amis. À l'âge scolaire, ils en ont autant que les amis mais, à l'adolescence, ils en ont moins que ces derniers.

Il est impossible pour les parents de contrôler entièrement la vie sociale de leur enfant. Ils ne peuvent pas exercer de pouvoir sur les amis de la garderie ni sur les enfants du voisinage. Toutefois, ils conservent sur leur enfant une grande influence et ils sont ainsi en position de lui apprendre des stratégies prosociales.

L'attitude des parents envers les enfants et envers les adultes qui côtoient leur propre enfant a un effet important sur la vie sociale de ce dernier. Leur propre vie sociale influence également la mise en place d'habiletés sociales.

1 Kagan, Reznick, Clarke, Snidman (1985).
2 St-Marc (1988).

Mon enfant a besoin de vivre des relations variées

◆ ◆ ◆

A. La variété dans la stabilité

Les petits enfants ont besoin d'établir quelques relations très stables. Cela leur permet de développer un sentiment de confiance, comme nous l'avons vu dans le premier chapitre. Toutefois, ils ont aussi besoin d'établir très tôt dans la vie des relations variées.

Au Québec, presque la moitié des enfants sont des enfants uniques. Il est d'autant plus important que les parents favorisent leur vie sociale. Les centres de la petites enfance, les garderies, les pré-maternelles et les centres mères-enfants sont des lieux propices à l'apprentissage de la vie en groupe.

En me basant sur mon expérience, j'estime qu'il y a deux catégories d'enfants qui éprouvent de la difficulté à être en groupe : ce sont les enfants qui sont anxieux et qui manquent de sécurité ainsi que les enfants impulsifs et agités. Ces enfants ont d'autant plus besoin de vivre des relations en dehors de la sphère familiale.

B. Les attitudes pro-sociales

Placez par ordre d'importance les onze affirmations suivantes. Inscrivez dans la case correspondant à chaque affirmation un numéro de 1 *(la plus importante)* à 11 *(la moins importante)*.

- J'ai la conviction qu'il est important d'inscrire mon enfant dans un groupe très tôt dans la vie (à partir de 2 ans) ❑
- Je pense que mon enfant préfère rester à la maison et s'amuser avec ses frères et sœurs ❑
- Notre famille élargie (parenté) est importante et nous nous visitons souvent ❑
- Je favorise les liens entre mon enfant et ses cousins et cousines ❑
- Je ne fais presque jamais garder mon enfant parce que cela m'inquiète trop ❑
- Je ne fais presque jamais garder mon enfant parce qu'il est trop difficile ❑
- Je permets à mon enfant d'aller jouer dehors avec d'autres enfants ❑
- Je surveille constamment mon enfant lorsqu'il est avec d'autres enfants ❑
- Je surveille constamment mon enfant lorsqu'il est avec d'autres adultes ❑
- J'invite souvent des petits amis à la maison ❑
- J'accepte que mon enfant aille jouer chez ses amis ❑

Plus l'enfant est petit et plus les inquiétudes des parents sont grandes. Le **bébé** a besoin de beaucoup de protection, car il ne peut pas se défendre seul. Quant à l'**explorateur**, il faut aussi qu'on le protège, mais sans oublier également de protéger les autres car il est très envahissant. Le **décideur**, pour sa part, a besoin d'apprendre à gérer son impulsivité et à se contrôler en groupe. Le **magicien**, enfin, est un ami intéressant car il entre dans le monde de l'imaginaire. Il a un grand appétit de communication et il désire jouer et inventer.

Il est important de faire en sorte que le petit enfant soit en contact avec toutes sortes de personnes: la famille élargie, des amis, des parents, des étrangers, des enfants du voisinage, des cousins et cousines, des enfants étrangers, etc.

L'enfant peut être de trois types : timide, de contact facile ou trop spontané. Cela est dû en partie à son code génétique, en partie au processus d'imitation des façons de faire de ses parents et en partie à des expériences antérieures (traumatisme, hospitalisations, peurs, etc.).

◆ Est-ce que je sais à quoi ressemble ma vie sociale ?

Pour avoir une vue précise de ma vie sociale, je l'illustre par un cercle *(cercle « A »)*. Je partage ce cercle en 6 pointes que je numérote de la façon suivante :

1. avec ma famille (mes parents, mes frères et sœurs)
2. avec mes enfants
3. seul(e) avec mon conjoint ou ma conjointe
4. au travail
5. avec mes ami(e)s
6. avec d'autres personnes (au comité d'école, au soccer, etc.)

Cercle « A »

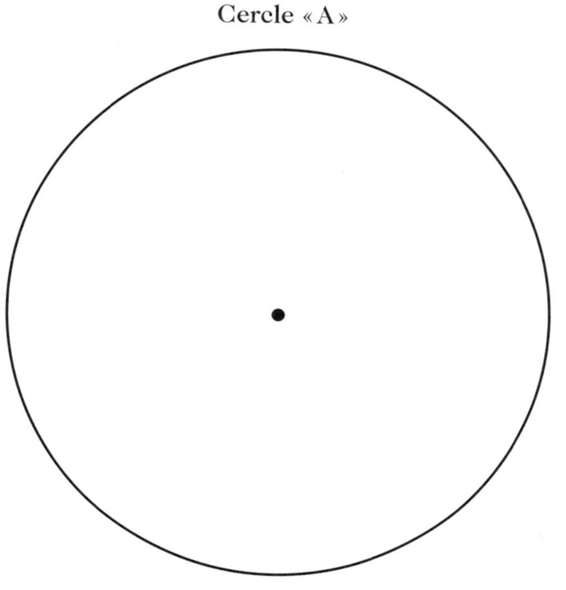

Je donne à chaque pointe l'importance qu'elle occupe dans ma vie.

Est-ce que le cercle de votre vie sociale vous satisfait ?

....

....

....

Je partage maintenant le deuxième cercle *(cercle « B »)*. Chacune des 6 pointes correspond à la façon idéale dont j'aimerais répartir le temps que je passe :

1. avec ma famille (mes parents, mes frères et sœurs)
2. avec mes enfants
3. seul(e) avec mon conjoint ou ma conjointe
4. au travail
5. avec mes ami(e)s
6. avec d'autres personnes (au comité d'école, au soccer, etc.)

Cercle « B »

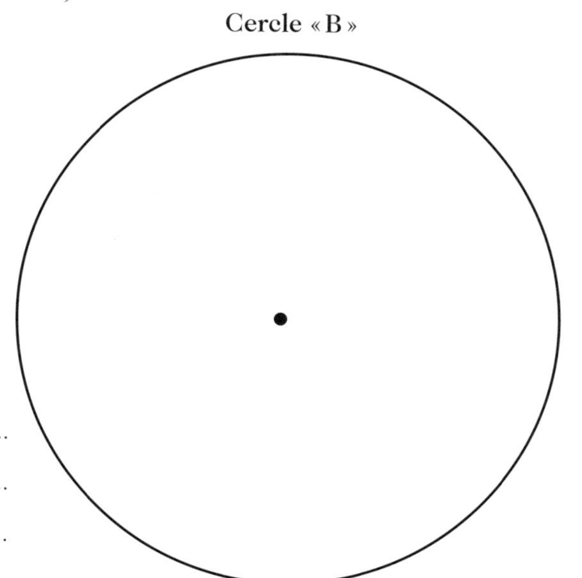

Estimez-vous qu'il est possible d'établir un équilibre plus satisfaisant pour vous ?

....

....

....

Vos enfants sont-ils associés à votre vie sociale ?

Un peu ❑ Moyennement ❑ Beaucoup ❑

Connaissent-ils votre vie sociale ?

....

Parlez-vous parfois devant eux de vos collègues de travail, de vos amis(es), de vos activités ?

....

....

En quels termes en parlez-vous le plus souvent ?

Très positivement ❑	Positivement mais avec des nuances ❑	De façon neutre, sans préciser la nature des relations ❑	De façon négative ou agressive ❑

Si vous parlez de vos ami(e)s ou de votre parenté de façon positive, si vous prévoyez que la prochaine fin de semaine en famille sera agréable ou si vous préparez une soirée de danse avec enthousiasme, vos enfants apprendront à désirer aller vers les autres et à anticiper ces occasion avec plaisir.

Par contre, si vous critiquez toujours vos collègues de travail, si vous êtes de mauvaise humeur à chaque fois que quelqu'un annonce sa visite ou si vous fuyez toutes les occasions de sortir, vos enfants apprendront à se méfier des relations et à les fuir.

Il ne s'agit pas de vous transformer du tout au tout, mais de penser simplement à l'influence que vous avez avec vos attitudes sur la vie sociale de vos enfants. Même les petits bébés comprennent le langage non-verbal !

Mon enfant a besoin de développer sa confiance en ses capacités sociales

◆ ◆ ◆

Le premier groupe social est celui de la famille. Que l'enfant fasse partie d'une famille traditionnelle, monoparentale ou recomposée, il a le droit de vivre des relations chaleureuses... la plupart du temps.

L'enfant qui a des relations agréables au sein de sa famille est naturellement porté à croire que les autres adultes et que les autres enfants aiment être avec lui. De la même façon, il estime qu'il possède ce qu'il faut pour se faire aimer et apprécier.

A. Des relations familiales étroites

À notre époque, les deux parents travaillent à l'extérieur ou sont susceptibles de le faire. Ils sont très occupés, en particulier les mères. À cet égard, des recherches ont montré que, partout dans le monde, les femmes travaillent un plus grand nombre d'heures que les hommes (80 heures comparativement à 50 heures). Ce sont les femmes travaillant à l'extérieur du foyer qui battent tous les records : 90 heures de travail en moyenne ! La fatigue et la tension sont donc au rendez-vous.

Quant aux pères, on les sollicite de plus en plus pour qu'ils participent aux tâches ménagères et aux soins à donner aux enfants. C'est une excellente chose, car les recherches ont démontré que les pères qui prennent soin physiquement des petits bébés sont plus attachés à leurs enfants et qu'ils sont plus susceptibles d'être présents tout le long de leur éducation, quoiqu'il advienne de la famille.

En fait, les parents sont aujourd'hui très conscients du rôle qu'ils ont à jouer. Et ils se sentent souvent coupables car il y a toujours un écart entre la famille idéale et la famille réelle.

On peut dire, de façon générale, qu'il est possible de vivre des relations familiales étroites dans le contexte social actuel.

◆ Ais-je une idée précise du genre de relations familiales que je vis ?

Combien de temps passez-vous chaque jour :

	Nombre de minutes
à donner des soins physiques à votre enfant (bain, etc.)	❑
à jouer avec lui	❑
à parler avec lui	❑
à le superviser (dans ses jeux, dans ses apprentissages)	❑
à l'intégrer à vos activités (cuisine, menuiserie, etc.)	❑
à réagir à ses comportements déviants	❑
à le protéger (installer une barrière, lui tenir la main, etc.)	❑

Avez-vous le sentiment de passer assez de temps avec votre enfant ?

Oui ❑ Non ❑

Consacrez-vous un temps spécial à votre enfant chaque jour ?

....

....

....

Chaque jour, prenez de 10 à 15 minutes pour jouer avec votre enfant, sans le critiquer et sans vous fâcher. Faites ce qu'il a envie de faire et dites-lui souvent que vous aimez ce temps spécial que vous passez avec lui.

Avez-vous des projets familiaux et, si oui, quels sont-ils ?

....

....

....

◆ Être ensemble, c'est important. Faire ensemble, c'est essentiel. ◆

Chaque famille a des rituels sociaux bien à elle. Par exemple, une famille peut établir que toutes les fêtes sont l'occasion de rencontres auxquelles participe la famille élargie. Dans une autre famille, ce sont les vacances qui, chaque année, sont une période de retrouvailles entre familles amies. Les familles ont également des rituels plus quotidiens : petite histoire avant le dodo, location d'un film le samedi soir, déjeuner spécial le dimanche, etc.

Les enfants adorent les rituels, les fêtes, les surprises, les moments spéciaux d'intimité. Cela resserre les liens et permet à chacun de sentir qu'il fait partie d'un tout.

Quels sont vos rituels familiaux qui reviennent chaque année ?

....

....

....

....

Quels sont vos rituels familiaux qui ont une base plus quotidienne ?

....

....

....

....

Il est important, dans la mesure du possible et lorsque l'enfant commence à vieillir, de le faire participer à l'élaboration des rituels. Il se sentira davantage concerné et il développera un esprit de clan.

B. Des relations harmonieuses dans la fratrie

La fratrie est un lieu privilégié pour s'initier à la vie de groupe. Les chicanes entre enfants d'une même famille sont parfois bien éprouvantes pour les parents, surtout lorsque les enfants sont très jeunes. Mais la fratrie recèle également une autre réalité.

En effet, on estime que, dès l'âge de 2 ans, les enfants écoutent les signes de détresse des plus jeunes et viennent à leur rescousse plus vite que leur mère. Vers 4 ou 5 ans, les enfants passent deux fois plus de temps avec leur fratrie qu'avec leurs parents; 30 p. 100 des échanges entre frères et sœurs sont de l'ordre de la rivalité, mais 70 p. 100 sont de l'ordre de l'attachement émotif et de la complicité.

Le **bébé**, en arrivant dans la famille, chamboule tout l'équilibre établi. Il prend beaucoup de place, il attire l'attention et il change les habitudes de vie de tout le monde. Il est normal que l'enfant plus vieux soit jaloux, même si vous l'avez bien préparé à la venue du bébé. Au mieux, après une régression temporaire, il décidera de devenir un troisième parent et prendra soin du bébé. Au pire, il exprimera beaucoup d'agressivité à l'égard du bébé. Dans ce dernier cas, que faut-il faire ?

Lorsque les parents font confiance à l'enfant, lorsqu'ils continuent à lui donner du temps, lorsqu'ils l'encouragent à les imiter et à «aider», celui-ci passera à l'étape de l'adaptation sociale. Mais tout cela dépend évidemment de l'âge de l'enfant, de son sexe, de son tempérament, de l'état psychologique des parents et des conditions physiques et affectives qui prévalent dans la famille à la naissance du bébé. Le bébé, pour sa part, devra également s'adapter à ses parents et à sa fratrie s'il en a une. Cette régulation réciproque est la base de la vie sociale.

L'**explorateur** est conscient de son «impact» sur les autres. Il s'amuse follement à prendre les objets qui traînent, à donner des « becs » ou à « tirer les cheveux ». Il exerce sa nouvelle maîtrise de sa motricité.

Le **décideur** est une véritable peste pour ses frères et sœurs. Il déchire les dessins des plus vieux, fait des crises pour un rien, empêche tout le monde d'être calme à table, etc. Il faut bien reconnaître qu'il n'est pas facile à vivre.

Le **magicien** est plus sociable, mais il aime aussi être tranquille dans son monde imaginaire. Garçon ou fille, il veut imiter les plus vieux, au grand désespoir de ces derniers. Lorsqu'il n'a pas d'amis, il harcèle ses parents de même que ses frères et sœurs.

◆ Comment vous y prenez-vous pour faire régner l'harmonie dans votre famille ?

Il est difficile de cohabiter; c'est pourquoi la vie de couple est fragile et la vie « en commune », une grande utopie. Pour vivre en paix, il faut que chacun ait droit à un espace vital. Même si vous vivez dans un petit appartement, il est possible de réserver à chacun un espace : le tiroir d'un meuble, un coin dans le salon, etc. En somme, **un territoire sacré**.

On favorise l'harmonie dans la famille en procurant à chacun son espace.

Nommez le territoire sacré :

Des parents ....

....

Du bébé ....

....

De l'explorateur..

....

Du décideur...

....

Du magicien ....

....

N'oubliez pas qu'il est important de déterminer pour chacun un territoire sacré et de le respecter.

◆ Afin de favoriser l'harmonie, traitez-vous chaque enfant comme un être différent ?

De nombreux parents veulent tellement éviter les rivalités qu'ils établissent une justice égalitaire et sans faille. Ainsi :

- quand ils achètent un chandail à Marie, ils en achètent également un à Vincent;
- quand ils donnent une surprise à Philippe pour ses efforts à la garderie, ils en font aussi une à Sophie;
- quand ils achètent un cadeau de fête à l'un, ils en offrent un plus petit à l'autre.

C'est ainsi que les parents encouragent la rivalité sans le vouloir.

La justice distributive est plus difficile à gérer. Elle a pourtant l'avantage de reconnaître que les enfants sont tous aimés pour ce qu'ils sont et en fonction de leurs besoins propres et de leurs personnalités respectives.

Voici quelques attitudes qui montrent à mes enfants qu'ils sont différents les uns des autres et qu'en conséquence je dois les traiter différemment.

(✔cochez dans la case des attitudes que vous avez déjà adoptées)

- Mes enfants se couchent à des heures différentes, selon leur âge ❏
- Je félicite mon enfant lorsqu'il a un bon comportement, même en présence de ses frères et sœurs ❏
- Je reconnais les forces de chacun ❏
- Je donne à chacun ce dont il a besoin (beaucoup de jus à l'un et moins à l'autre, par exemple) ❏
- J'achète les vêtements dont chacun a besoin ❏
- Je donne de l'affection à chaque enfant lorsqu'il le demande ou lorsqu'il semble en avoir besoin ❏
- Je m'attarde auprès d'un enfant s'il a besoin de mon aide ❏
- Je m'interroge régulièrement sur mes attitudes face à chacun de mes enfants ❏

◆ Afin de favoriser l'harmonie, imposez-vous des règles de vie commune qui sont claires ?

On ne peut pas demander à des tout-petits de moins de 3 ou 4 ans de régler eux-mêmes leurs conflits. Ils en sont incapables. Au même titre qu'ils ne sont pas capables de penser aux autres, de réfléchir aux conséquences de leurs actes ou d'attendre longtemps.

Les tout-petits apprennent la vie en commun par imitation et par conditionnement. Ils acceptent des règles par amour pour leurs parents, par désir d'être aimés et tout simplement parce qu'ils se rendent compte que la vie est plus agréable de cette façon.

Quels sont les comportements de la fratrie que vous n'acceptez pas ?

....

....

....

Par quels comportements pourrait-on les remplacer ***(tenez compte en répondant de l'âge de l'enfant et du fait que l'enfant doit pouvoir s'exprimer)*** **?**

....

....

....

Déterminez maintenant trois règles claires et positives (par exemple, « Quand tu veux un jouet, tu le demandes »).

1. ....

2. ....

3. ....

Si votre enfant a 1, 2 ou 3 ans et qu'un conflit éclate dans la fratrie, vous devez réagir rapidement. Selon la situation, intervenez :

- en lui changeant les idées;
- en l'amenant dans une autre pièce;
- en lui disant votre désapprobation de façon simple et succinte (« non, je ne veux pas que tu mordes ton frère », par exemple);
- en l'isolant quelques minutes pour qu'il comprenne bien que vous désapprouvez son comportement;
- en l'ignorant et en vous occupant de l'enfant qui a été frappé ou mordu.

Plus l'enfant est jeune, et plus il importe d'agir au lieu de parler. Plus il vieillit, plus le recours à la parole est important. À l'adolescence, la discussion et l'argumentation seront vos seuls moyens d'influence possible.

◆ Récompensez-vous l'harmonie plutôt que la chicane ?

Lorsque les enfants sont calmes, les parents ont tendance à marcher sur la pointe des pieds pour ne pas briser ce moment magique. Mais quand ils sont « tannants », ils interviennent de façon massive. Les enfants apprennent donc qu'ils doivent être « tannants » pour obtenir de l'attention.

Quand les enfants s'entendent bien, soulignez votre contentement tout en mettant en évidence leurs stratégies gagnantes :

- « Lorsque vous jouez avec les blocs, vous partagez bien ! »
- « Luc, tu aimes vraiment cela lorsque Lorraine t'apprend des choses ! »
- « Danielle, je te félicite d'avoir pardonné à Germain même s'il t'avait pris tes biscuits préférés ! »
- « J'ai vraiment des enfants merveilleux, ils sont pleins d'imagination ! »

Mon enfant a besoin de développer des habiletés sociales

◆ ◆ ◆

Les façons de faire que l'enfant apprend dans sa famille lui serviront plus tard dans sa vie de groupe, que ce soit à la garderie ou avec ses amis. En vieillissant et en vivant dans des groupes plus importants, il apprendra également d'autres stratégies. Comme il entrera en contact avec des enfants dont la personnalité et les façons de vivre en groupe seront différentes des siennes, il sera initié à de nouvelles stratégies qui ne seront pas toujours du goût des parents.

◆ ◆ ◆ Au sujet de l'égocentrisme

Les enfants sont égocentriques jusqu'à 7 ou 8 ans.

Ils sont centrés sur leur propre point de vue et sur leurs perceptions immédiates.

Ils ont beaucoup de difficulté à percevoir et à considérer les besoins et les points de vue des autres.

Ils ont tendance à rendre les autres responsables de leurs erreurs.

Ils ont de la difficulté à mettre en doute leurs opinions.

Ils portent des jugements à partir d'un seul aspect de la réalité.

Ils généralisent à partir d'un seul élément ou d'une seule perception. Ils sont insensibles à leurs propres contradictions.

Ils utilisent fréquemment une seule stratégie devant une difficulté.

Comme vous pouvez le constater, il y a bien des adultes qui sont encore égocentriques ! [3]

A. Des comportements à encourager

Les parents doivent aider leurs petits à développer des habiletés sociales. Cependant, il est important qu'ils comprennent et acceptent que ceux-ci ne sont pas capables de toutes les maîtriser. Il ne faut pas s'inquiéter de cette situation, car la vie est longue et les occasions d'apprendre sont nombreuses.

Des comportements à encourager chez les **bébés**.

- Prêter attention aux personnes
- Imiter des expressions faciales
- Prêter attention quelques secondes, puis quelques minutes lorsque quelqu'un lui parle
- Être en contact avec d'autres enfants

3 Duclos, Laporte (1992).

Il faut accepter que le bébé ait peur des étrangers vers 8 ou 9 mois. Cela signifie, dans le cours du développement, qu'il distingue bien le connu de l'inconnu et qu'il recherche la compagnie des personnes qui le sécurisent.

Des comportements à encourager chez les **explorateurs**.

- Chercher à se déplacer pour aller rejoindre une personne
- Faire des parties de cache-cache
- Dire certains mots pour obtenir quelque chose de l'autre
- Être en présence d'enfants
- Jouer à côté des enfants pour quelques minutes
- Éprouver le désir de faire rire les autres ou de les faire réagir
- Imiter les bruits, les gestes et les mots des autres enfants

Des comportements à encourager chez les **décideurs**.

- S'exprimer pour obtenir des choses ou des services
- Être en présence d'enfants
- Accepter que les autres enfants prennent ses jouets
- Éprouver le désir de faire rire les autres ou de les faire réagir
- Imiter les gestes et les mots des autres, que ce soit en leur présence ou en leur absence
- Jouer en présence des autres enfants tout en gardant une distance raisonnable
- Jouer en présence des autres enfants sans les agresser pour obtenir des jouets

Des comportements à encourager chez les **magiciens**.

- S'exprimer pour demander des jouets ou des services
- Demander de l'aide à l'adulte pour régler certains problèmes
- S'affirmer dans ses choix et ses désirs
- Jouer avec les autres (bien que le partage demeure difficile)
- Tenir compte parfois des désirs des autres dans le choix des jeux (savoir que c'est chacun son tour)
- Aller vers les autres
- Réagir aux agressions des autres
- Accepter de faire des échanges (je prête mon camion contre ta corde à danser)
- Écouter l'autre parler

B. Les préalables à une vie sociale positive

La vie en groupe nécessite toutes sortes d'habiletés.

Des **habiletés verbales**, dont la capacité :

- d'écouter
- de s'exprimer
- de dire clairement ses désirs et ses goûts
- de s'affirmer verbalement
- d'argumenter
- de s'expliquer

Des **habiletés intellectuelles**, dont la capacité :

- de réfléchir à une situation
- d'analyser une situation
- d'observer une situation
- de voir plusieurs points de vue
- de proposer des solutions
- d'utiliser son imagination
- d'inventer de nouvelles solutions

Des **habiletés relationnelles**, dont la capacité :

- de se mettre à la place des autres
- d'entrer en relation avec les autres
- de se faire aimer
- de se faire accepter
- de percevoir les émotions des autres
- de tenir compte des autres dans ses décisions
- de faire de l'introspection
- d'écouter les autres
- de comprendre l'autre
- de retenir son impulsivité
- d'exprimer ses émotions

- **Quel rôle jouez-vous ou pouvez-vous jouer pour aider votre enfant à développer ces habiletés ?**

En tenant compte de l'âge de votre enfant, que pouvez-vous faire pour l'aider à développer des habiletés verbales ?

....

....

En tenant compte de son âge, que pouvez-vous faire pour l'aider à développer des habiletés intellectuelles ?

....

....

En tenant compte de son âge, que pouvez-vous faire pour l'aider à développer des habiletés relationnelles ?

....

....

....

◆ Comment aider votre enfant à décoder les émotions ?

Les problèmes de violence et d'intolérance sont souvent liés au fait que les enfants décodent mal les émotions des autres enfants. Ils réagissent agressivement parce qu'ils ont peur d'être agressés ou rejetés.

LE JEU DES MIMIQUES ◆ ◆ ◆

Redessinez les visages ou agrandissez-les.

Par la suite, faites le jeu des mimiques. Demandez à l'enfant d'imiter les différentes émotions représentées et nommez-les lui. À partir de 4 ans, vous pouvez lui demander d'identifier lui-même les émotions.

Vous pouvez également jouer à réagir à ces différentes émotions : un visage qui pleure demande consolation, un visage déçu demande à être encouragé, etc.

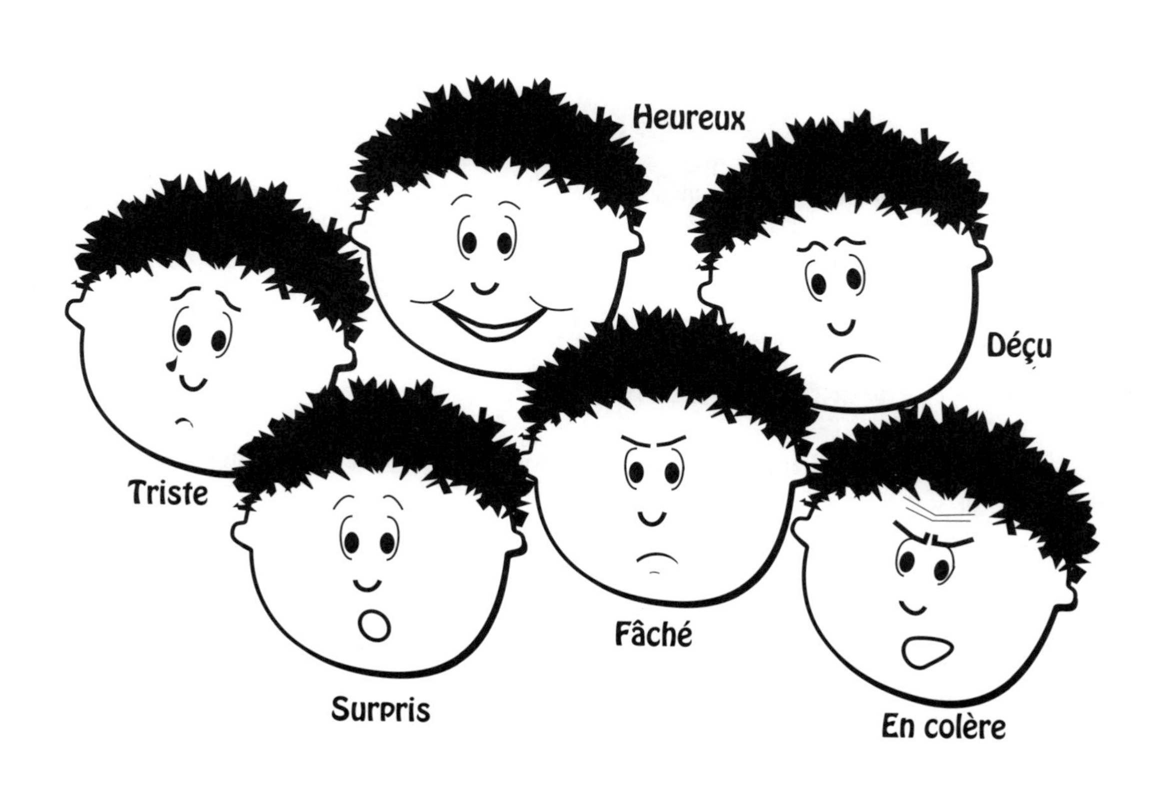

◆ Comment aider votre enfant à tenir compte des autres ?

Il est important de cultiver l'empathie qui est la capacité de se mettre à la place de l'autre. C'est une attitude essentielle à la vie de groupe. Les jeunes enfants sont incapables d'empathie; toutefois, on peut les aider à apprendre des comportements qui tiennent compte des autres.

◆ ◆ ◆ Le jeu du « Comme si j'étais... »

Avec les enfants de 2 et 3 ans, on peut jouer à « Comme si j'étais un animal... ». On demande à l'enfant d'imiter un animal; on lui demande, par exemple, d'être un lion en colère, un lion joyeux, etc.

Avec les enfants de 4 et 5 ans, on peut jouer à « Comme si j'étais un animal », mais aussi à « Comme si j'étais un enfant... ». On lui demande, par exemple, d'être un enfant fier ou un enfant triste ou un enfant curieux.

À chaque fois que c'est possible, on peut demander à l'enfant de se mettre à la place de l'autre : « Aimerais-tu ça, toi, te faire enlever ta poupée ? Comment te sentirais-tu si ton ami venait te consoler ? »

Cela n'a pas pour but de le culpabiliser mais de lui apprendre l'empathie. On ne dit donc pas à l'enfant : « Tu es méchant, regarde comme ta petite amie a de la peine ! » On lui dit plutôt : « Comprends-tu pourquoi ta petite amie pleure ? Ça fait de la peine de se faire enlever son jouet préféré ! »

◆ Comment aider votre enfant à prendre sa place ?

Le fait d'être empathique et de reconnaître les émotions des autres ne doit pas faire oublier qu'il est très important de prendre sa place et de s'affirmer dans un groupe.

◆ ◆ ◆ Le jeu du « Chacun son tour »

Faites un petit jeu avec vos enfants. Achetez un sifflet et proposez un jeu de groupe : jeu de mémoire, petit casse-tête, jeu de bloc, etc. Avant de commencer, dites-leur bien que c'est au suivant de jouer à chaque fois que le sifflet se fera entendre. Limitez le jeu à 5 ou 10 minutes, c'est déjà bien long pour les tout-petits.

◆ ◆ ◆ Le jeu du « C'est moi qui décide »

Faites un jeu de rôles avec votre enfant de 4 ou 5 ans. Choisissez un thème parmi les suivants :

- Que fait-on aujourdhui ?
- On va louer un film, avez-vous des idées ?
- Mon frère veut prendre mon livre d'images.
- Ma sœur pleure pour jouer avec mes amis.

Prenez le rôle secondaire (celui du parent, de la sœur, du frère, de l'ami ou de l'amie). Incitez votre enfant à dire « C'est moi qui décide », donc à s'affirmer. Observez, guidez, nommez les façons de s'affirmer sans crier ni frapper.

MINI-TEST ET AUTO-ÉVALUATION

◆ ◆ ◆

MINI-TEST

(✔ cochez dans les cases de votre choix)

	Vrai	Faux
1. Les enfants naissent avec un tempérament plus ou moins sociable	❑	❑
2. Les bébés n'ont pas concience de la présence des autres enfants	❑	❑
3. À partir de 18 mois, les garçons sont plus inhibés que les filles face aux étrangers	❑	❑
4. La vie sociale des parents n'influence en rien celle de leurs enfants	❑	❑
5. Des relations familiales étroites peuvent favoriser la vie sociale des petits	❑	❑
6. Les enfants sont naturellement empathiques (capable de se mettre à la place des autres)	❑	❑
7. Il est tout à fait normal d'être égoïste dans la petite enfance	❑	❑
8. Les petits enfants peuvent apprendre à décoder les émotions	❑	❑
9. Les relations dans la fratrie sont difficiles la plupart du temps	❑	❑
10. Il est impossible d'apprendre des stratégies pro-sociales à de très jeunes enfants	❑	❑

(Les réponses se trouvent en page 123.)

AUTO-ÉVALUATION

(✔cochez dans les cases de votre choix)

	Toujours	Souvent	Parfois	Rarement
J'encourage tout ce qui peut permettre à mon enfant de vivre quelques relations significatives et stables	❑	❑	❑	❑
Je mets mon enfant en contact avec plusieurs personnes différentes	❑	❑	❑	❑
Je facilite sa vie sociale	❑	❑	❑	❑
Je passe du temps avec mon enfant	❑	❑	❑	❑
Je fais participer mon enfant à ma vie sociale de temps en temps	❑	❑	❑	❑

	Toujours	Souvent	Parfois	Rarement
Je parle positivement de ma vie sociale	❑	❑	❑	❑
Je tisse des relations étroites avec mon enfant	❑	❑	❑	❑
J'organise des rituels familiaux qui resserrent mes liens avec mes enfants	❑	❑	❑	❑
Je donne à chacun de mes enfants un espace à lui	❑	❑	❑	❑
Je traite chacun de mes enfants comme quelqu'un de différent et d'unique	❑	❑	❑	❑
J'établis des règles claires afin de favoriser les relations dans la fratrie	❑	❑	❑	❑
Je récompense l'harmonie	❑	❑	❑	❑
Je comprends que mon jeune enfant soit égocentrique	❑	❑	❑	❑
J'encourage des comportements sociaux qui correspondent au niveau de développement de mon enfant	❑	❑	❑	❑
Je l'aide à développer des habiletés verbales	❑	❑	❑	❑
Je l'aide à mieux comprendre les relations sociales	❑	❑	❑	❑
Je l'aide à développer des habiletés relationnelles	❑	❑	❑	❑
Je l'aide à identifier les émotions	❑	❑	❑	❑
Je l'aide à découvrir l'empathie	❑	❑	❑	❑
Je l'aide à s'affirmer	❑	❑	❑	❑

Vous pouvez maintenant répondre adéquatement aux aux questions suivantes.

Selon vous, quelles sont vos attitudes qui permettent à votre enfant de développer le goût d'être bien avec les autres ?

....

....

Selon vous, quelles sont les attitudes que vous devez développer pour donner à votre enfant le goût d'être bien avec les autres?

....

....

Chapitre 4

JE SUIS CAPABLE

« Je suis capable ! » Voilà la phrase-clé pour un enfant de 2 ans. Mais si le petit bébé pouvait parler, il dirait lui aussi qu'il est capable; capable de sourire, de rire, de gigoter puis de se retourner, de balbutier des sons, d'attraper un objet et de le secouer.

Les enfants sont capables, et chaque jour un peu plus que la veille. Les parents s'émerveillent à juste titre des prouesses de leurs petits. L'énergie vitale qui circule en eux est un formidable moteur qui les pousse à faire de plus en plus de choses et à communiquer de mieux en mieux. C'est la magie du développement !

À NOTER

L'enfant développe son concept de soi en partie grâce à la capacité de ses parents d'anticiper ses progrès futurs. L'enfant, avec l'aide de ses parents, apprend à croire en ses capacités et à espérer réussir, dans un avenir proche ou lointain, ce qu'il est incapable de faire maintenant. [1]

Les parents doivent être attentifs, dès la naissance, aux capacités de leur enfant. Il importe, en effet, qu'ils le stimulent et l'incitent à en faire toujours un peu plus, mais sans exagérer car des demandes excessives peuvent provoquer un sentiment de découragement. En revanche, si les parents n'en demandent pas assez, l'enfant se sent rapidement inapte ou incapable.

1 Trad (1996).

Le sentiment de compétence ne peut pas se développer sans essais et sans erreurs. Quand une personne refuse d'essayer de faire quelque chose parce qu'elle n'est pas certaine de réussir, elle se place dans la position de ne jamais savoir si elle aurait été capable de faire cette chose. L'important consiste à dissocier très tôt dans la tête de l'enfant erreurs et échecs. Pour cela, les parents doivent eux-mêmes accepter que leur enfant fasse des erreurs et qu'il apprenne de cette façon.

◆ Est-ce que j'ai tendance à surprotéger mon enfant ?

Nous touchons ici au grand défi de l'éducation. Comment protéger un enfant sans le surprotéger ? Comment l'aider à avoir confiance en lui tout en le sécurisant ? Comment encourager un enfant à essayer sans exercer des pressions indues ?

Chaque parent possède la réponse à ces questions. Cette réponse se trouve plus précisément dans l'observation amoureuse de l'enfant et dans la complémentarité de la mère et du père. En effet, la mère a tendance à « prendre soin » de l'intégrité corporelle de l'enfant. Celui-ci vient de son corps et elle veut l'envelopper encore.

Le père, pour sa part, a tendance à faire davantage confiance aux capacités de son enfant : « Vas-y, tu es capable ! » « Laisse-le donc faire, sinon il n'apprendra jamais ! » Les pères lancent les bébés dans les airs et les mères ont un sursaut d'inquiétude. Il y a bien sûr des mères qui sont centrées sur l'action et des pères qui sont très protecteurs. L'important n'est pas là, il est dans l'équilibre qu'on doit trouver entre la protection et la stimulation.

Être capable et **se sentir capable**, ce n'est pas tout à fait la même chose. Il est essentiel que l'enfant continue à se sentir capable même s'il n'a pas été capable.

On peut se sentir capable dans bien des domaines :

- sur le plan ***physique***, en bougeant, en courant, en montant sur son tricycle, en découpant, en attrapant un ballon, etc.
- sur le plan ***intellectuel***, en comprenant, en parlant, en raisonnant, en mémorisant, etc.
- sur le plan ***social***, en allant vers les autres, en partageant, en se faisant aimer, en s'affirmant, etc.
- sur le plan ***affectif***, en étant en relation, en attirant l'attention, en aimant, en obtenant de l'affection et en en donnant, etc.

Il est normal de se sentir plus capable dans un domaine que dans un autre. Le fait d'éprouver des difficultés sur un plan ne doit pas remettre en question la compétence globale. Il faut se rappeler les principes énoncés précédemment et les moyens de faire en sorte que l'enfant s'accepte avec ses faiblesses comme avec ses forces *(voir les pages 54 et 55)*.

Il importe surtout de garder en mémoire que

◆ la surprotection est l'ennemie du sentiment de compétence. ◆

MON ENFANT EXPÉRIMENTE DES RÉUSSITES

◆ ◆ ◆

Pour avoir confiance en soi et croire qu'on est capable, il faut faire souvent l'expérience de réussites.

A. ESSAYER POUR RÉUSSIR

◆ Est-ce que j'encourage mon enfant à essayer ?

Même si les enfants sont très conservateurs — ils ont besoin, en effet, de routines et de stabilité — on peut les encourager **à essayer** :

- de nouveaux mets
- de nouveaux vêtements
- de nouvelles habitudes
- de nouveaux jouets
- de nouvelles musiques
- de nouveaux moyens d'expression (pâte à modeler, crayons, etc.)

On peut les encourager également **à faire des expériences nouvelles :**

- aller en garderie
- avoir de nouveaux amis
- voyager
- regarder de nouvelles émissions
- aller à des spectacles
- visiter de nouveaux endroits

On peut enfin les encourager **à essayer de nouveaux comportements :**

- ramper, marcher
- dire merci, bonjour
- changer de rôle dans un groupe, suivre, diriger, écouter
- faire des choix différents
- demander à grand-maman de raconter une histoire ou de faire une promenade, etc.

L'objectif n'est pas de déstabiliser constamment les enfants, mais de leur montrer qu'il est agréable et intéressant d'essayer à l'occasion quelque chose de nouveau.

◆ Est-ce que je crée les conditions pour favoriser les prochaines étapes du développement de mon enfant ?

La marche à suivre ici pour favoriser l'estime de soi est simple : on anticipe la prochaine étape du développement de l'enfant en veillant à ce que le contexte et les conditions soient favorables à son évolution. Il n'est donc **pas question de faire les choses à la place de l'enfant.**

Prenons le cas du petit **explorateur** (9 à 18 mois) pour bien comprendre de quoi il s'agit. Celui-ci a commencé à se lever tout seul en s'accrochant aux chaises et aux meubles. Vous le sentez prêt à tenir seul sur ses pieds pendant quelques secondes sans qu'il ait besoin de recourir à des appuis. Alors, quelles sont les actions parmi les huit suivantes qui sont susceptibles de favoriser son estime de soi ?

(✔ cochez dans les cases de votre choix)

1. Vous enlevez la chaise même si l'enfant s'y accroche. ❑
2. Vous le laissez s'accrocher à la chaise d'une main et vous tenez fermement l'autre main en disant : « Continue, c'est beau ! » ❑
3. Vous enlevez la chaise mais vous permettez à l'enfant de s'appuyer contre vous. ❑
4. Vous tenez les deux mains de l'enfant, vous en lâchez une et dites « Bravo ». ❑
5. Vous le laissez aller à son rythme, car vous avez la conviction qu'il lâchera la chaise de lui-même. ❑
6. Vous l'encouragez verbalement à lâcher la chaise. ❑
7. Lorsqu'il vient pour se lever en prenant appui sur le meuble, vous dites « Non ». ❑
8. Vous tenez l'enfant par les deux mains que vous lâchez pendant quelques secondes en le félicitant pour tout de suite les reprendre. ❑

Les actions résumées par les ***phrases 2, 4, 6 et 8*** favorisent l'estime de soi de l'enfant parce qu'elles anticipent la prochaine étape de son développement. Les actions des ***phrases 3 et 5*** respectent l'enfant sans le pousser en avant; il est important qu'il en soit ainsi de temps à autre. Quant aux actions contenues dans les ***phrases 1 et 7***, elles peuvent décourager l'enfant et refréner son envie d'essayer.

Indiquez deux façons d'encourager votre enfant à réaliser quelque chose que vous l'estimez capable de faire.

1. ....

2. ....

◆ Quels sont mes réactions quand mon enfant rencontre des difficultés ?

Les parents qui voient leur enfant en difficulté ont souvent le réflexe d'intervenir immédiatement pour l'aider ou pour faire les choses à sa place. « Viens, je vais mettre tes bas. » « C'est trop difficile pour toi, donne-moi ça ! »

Parfois, l'enfant est **irréaliste**. Il veut faire quelque chose qui est vraiment trop difficile pour lui. Si ce n'est pas dangereux, laissez-le d'abord essayer. Il fera des erreurs et vous pourrez lui dire : « C'est bien, tu as essayé, mais c'est vraiment trop difficile pour un petit garçon de 3 ans. Bientôt, tu seras capable; viens. je vais t'aider. » N'oubliez pas de lui dire votre satisfaction devant le fait qu'il ait essayé.

Parfois, l'enfant pourrait réussir mais **il n'emploie pas les bons moyens**. À moins de circonstances exceptionnelles comme d'être très en retard un matin, ne faites pas à la place de l'enfant ce qu'il est capable de faire lui-même. Laissez-le essayer, puis proposez-lui de recommencer en s'y prenant d'une autre façon. Ne lui faites qu'une seule proposition à la fois. Enfin, félicitez-le d'essayer et... de réussir.

Parfois, l'enfant **démissionne** et ne réussit pas. Encouragez-le à recommencer. Mais s'il refuse, n'insistez pas, car vous lui feriez sentir votre déception. Dès que vous en aurez l'occasion, soulignez positivement son désir d'apprendre. Ne vous découragez pas; votre enfant retrouvera l'envie d'essayer si vous ne vous précipitez pas pour l'aider et si vous ne soulignez pas la situation de façon dévalorisante (« Tu es donc paresseux ! »)

À NOTER

Une étude portant sur de très jeunes enfants a démontré que le développement moteur est influencé grandement par la façon dont les enfants se perçoivent eux-mêmes sur le plan de leur compétence. Cette perception est intimement liée à la compétence que leurs parents leur attribuent. [2]

2 Boucher, Doescher, Sugawara (1993).

B. Persévérer pour réussir

Il n'y a rien de plus normal que d'essayer et de se tromper. Mais se décourager ne mène nulle part. Lorsqu'on fait une erreur, on doit apprendre à essayer de nouveau, à recommencer, tout de suite ou un peu plus tard. C'est ce qu'on appelle la persévérance.

Un tout-petit n'est pas persévérant. Son égocentrisme naturel le porte à toujours refaire les mêmes erreurs puisqu'il n'arrive pas à s'autocorriger. Les parents sont bien placés pour lui apprendre à essayer d'autres façons de faire et, surtout, à ne pas avoir peur de recommencer.

◆ Est-ce que je propose à mon enfant d'autres façons de faire ?

Le jeu est un moyen de faire découvrir à l'enfant qu'il y a plusieurs façons de faire.

Proposez-lui un jeu (cache-cache, course, etc.) qui peut se pratiquer de différentes façons; inventez-en un si c'est nécessaire. Commencez à jouer de façon traditionnelle, puis dites à l'enfant que vous allez lui montrer d'autres manières de jouer. Laissez l'enfant proposer ses propres idées même si elles ne sont pas efficaces. Le jeu consiste à trouver le plus grand nombre possible de façons de faire.

◆ Est-ce que je propose à mon enfant des choses stimulantes ?

Il est important de cultiver l'enthousiasme de l'enfant en lui proposant un but excitant. Lorsqu'on a du plaisir et qu'on est enthousiaste, on est prêt à faire bien des choses et les erreurs sont mieux tolérées.

Le jeu de la chasse au trésor permet de cultiver l'enthousiasme. Il s'agit de cacher une surprise, un « trésor », quelque part dans la maison ou à l'extérieur, dans le jardin ou le parc. Plus l'enfant est petit, plus la cachette doit être simple afin qu'il prenne le moins de temps possible pour arriver au but. Plus l'enfant est grand, plus la cachette peut être complexe et plus le temps pour atteindre le but peut être long; cela est relatif à la tolérance de l'enfant à la frustration. Pour susciter l'enthousiasme, il faut rendre le jeu intéressant : donner des indices, faire une carte, dire les « Tu brûles, tu gèles », etc. Par-dessus tout, il faut faire en sorte que l'enfant trouve la surprise ou le trésor et, à ce moment-là, le féliciter pour sa persévérance, sa débrouillardise et son intelligence.

C. Reconnaître ses réussites

Il est très important de réussir. Or, un tout-petit réussit un tas de choses dans une journée. Pour développer sa confiance en lui, il doit de plus être conscient de toutes ses réussites. Si ce qu'il entend des adultes autour de lui ne concerne que ses erreurs et ses échecs, il se sentira sans valeur aucune malgré tout ce qu'il réussit.

◆ Est-ce que je souligne à mon enfant ses réussites, même si elles sont minimes ?

Observez votre enfant pendant les deux prochaines journées et notez ici huit de ses réussites (manger seul, être aimable, réussir un petit casse-tête, etc.).

1. .... 5. ....

2. .... 6 ....

3. .... 7. ....

4. .... 8. ....

Faites maintenant la liste de vos façons habituelles de réagir à ces réussites.

....

....

....

....

....

Vous devriez prendre la décision de souligner chaque jour à votre enfant quelques-unes de ses réussites. Mais attention! Il s'agit de souligner ses vraies réussites et non pas de transformer des échecs en réussites pour le valoriser.

À DIRE (cela doit être sincère et justifié)

- Bravo, tu as réussi à placer le bloc sur la tour !
- Je suis fière de toi, tu as réussi à faire ton lit !
- Ton dessin est vraiment beau !
- Tu étais fâché et tu es venu me le dire plutôt que de lancer ton jouet. Je trouve vraiment que tu es un grand garçon.
- Tu es capable de m'aider à faire des biscuits, c'est merveilleux !

À NE PAS DIRE

- Mais oui, ton dessin est aussi beau que celui de ta grande sœur ! *(quand l'enfant, lui, le trouve moins beau)*
- Bravo, tu as vidé toute ton assiette ! *(quand l'enfant le fait toujours)*
- Ta construction de LEGO ne ressemble à rien ! *(quand l'enfant trouve, lui, qu'elle a une forme)*
- C'est normal de se coucher sans pleurer, ne t'attends pas à une surprise pour ça ! *(quand l'enfant dit de lui-même qu'il se couche sans pleurer)*
- C'est beau de lancer le ballon, mais ton ami, lui, il le lance depuis longtemps déjà !

Les réussites sont toujours liées à des défis personnels. Pour un champion de ski, le fait de dévaler une petite pente n'est pas considéré comme une réussite. Mais cela l'est pour votre décideur.

◆ Est-ce que vous comparez les réussites de votre enfant à celles des autres ?

Il faut éviter de comparer votre enfant à ses amis, à ses cousins, à ses cousines, à ses frères et à ses sœurs au même âge. L'enfant se compare déjà lui-même à ceux qui l'entourent et ses comparaisons sont parfois à son avantage et parfois à son désavantage. Lorsque votre enfant se compare de façon juste, il importe que vous confirmiez sa perception et que vous le rameniez à lui-même :

- « C'est vrai que ta cousine fait plus d'acrobaties que toi. Mais toi, par contre, tu es très rapide à la course. »
- « Tes dessins sont plus beaux que ceux de ton frère. Essaie donc de lui montrer comment faire. »

Par définition, un enfant est un être en développement. Ce qu'il ne peut pas faire à 6 mois, il le fera à 1 an ou à 2 ans. Ce qu'il fait bien à 3 ans, il le fera encore mieux à 5 ans. Mais s'il refuse d'essayer sous prétexte qu'il ne le fera pas aussi bien que la petite voisine ou son grand cousin, il vivra comme un échec ce qui n'est qu'un manque d'habileté. C'est ce qu'on appelait auparavant « de l'orgueil mal placé ». Aujourd'hui, on parle d'un manque de confiance en soi.

Mon enfant a besoin d'être guidé vers la réussite

◆ ◆ ◆

A. Guider mon enfant

Pour aider un enfant perfectionniste, ou un enfant qui souffre d'insécurité ou un enfant découragé ou qui n'a pas de motivation, les parents doivent essayer le « faire ensemble ».

◆ Vous arrive-t-il de proposer à votre enfant de « faire ensemble » ?

Les principes du « ***faire ensemble*** » sont les suivants :

- le parent s'installe seul avec l'enfant dans un endroit confortable;
- il demande à l'enfant ce qu'il veut faire afin de l'amener à préciser son but;
- il aide l'enfant à clarifier son but;
- il l'aide à choisir un but réaliste;
- il lui demande ce qu'il va faire en premier lieu;
- il lui demande ce que lui-même peut faire pour l'aider;
- il l'amène à ne faire qu'une étape à la fois;
- il félicite l'enfant à chaque fois qu'une étape est complétée;
- si l'enfant est fatigué, on arrête et on reprend plus tard à l'endroit où l'on s'est arrêté;
- il ne fait pas les choses à la place de l'enfant, mais il peut l'aider un peu;
- il guide l'enfant sans s'énerver, sans critiquer, sans porter de jugement;
- il félicite l'enfant lorsque le but est atteint;
- il souligne la façon dont l'enfant s'y est pris pour atteindre son but.

Voici maintenant un exemple concret de « ***faire ensemble*** ».

Votre petite fille de 3 ans tourne autour de son grand frère de 7 ans qui fait une construction avec des LEGO. Vous lui demandez si elle veut essayer. Elle marmonne quelque chose et s'en va plus loin. Vous la rattrapez et vous lui dites : « Viens, on va le faire ensemble ! ». Vous l'amenez dans la cuisine où vous serez seules :

- « Qu'est-ce que tu aurais le goût de faire avec les LEGO ? »
- « J'ai pas le goût, bon ! »
- « Aimerais-tu faire une maison pour ta petite poupée miniature? Ou une niche pour le petit chien ? Ou... donne-moi une idée, veux-tu ? »

- « Un cheval, peut-être ? »
- « Ton idée de faire un cheval est bonne, mais que dirais-tu de commencer par une clôture pour faire un enclos ? »
- « Par quels blocs va-t-on commencer, penses-tu ? Choisir les plus gros ? C'est une bonne idée ! »
- « Vas-y, commence. Pendant ce temps-là, qu'est-ce que je pourrais bien faire ? Oui, je vais te remettre tous les gros blocs rouges. »
- « Bravo, ça avance ! C'est difficile de mettre ces blocs les uns dans les autres et c'est long. Je vais t'aider en en faisant quelques uns ! »
- « Je pense qu'on va s'arrêter. On est fatiguées toutes les deux. On va mettre notre clôture sur le réfrigérateur pour la protéger. On recommencera tout à l'heure. »
- « C'est très bien ce que tu as fait ! Tu as commencé par mettre tous les gros blocs de côté, puis tu les as mis les uns dans les autres, trois à la fois. Ensuite, tu les as placés côte à côte et tout cela s'est mis à ressembler à une clôture. Je suis fière de toi ! »

B. Encourager mon enfant à imiter

Les enfants font beaucoup de leurs apprentissages par imitation. C'est pourquoi ils apprennent énormément en garderie. Ils regardent les autres enfants et ils les imitent. Il est bien évident qu'ils n'imitent pas que les bons comportements, mais la vie est ainsi faite !

- Proposez à l'enfant de regarder faire les autres et de les imiter.
- Faites en sorte qu'il ait plusieurs modèles valables à imiter.
- Les émissions de télévision qui mettent en scène de jeunes enfants sont aussi des occasions d'apprendre par imitation.

C. Encourager mon enfant à inventer et à innover

La créativité est, selon le biologiste et psychologue Jean Piaget, le propre du bébé et de l'enfant. En effet, le bébé découvre chaque jour de nouvelles façons de faire et de nouvelles habiletés. Pour leur part, les enfants entreprennent presque quotidiennement des activités nouvelles.

La créativité est cette capacité de découvrir, d'inventer, d'innover et d'imaginer le monde. C'est aussi la capacité de trouver des façons originales de résoudre des problèmes et de faire que la vie soit plus belle.

Il est possible et souhaitable d'encourager la créativité des tout-petits. Chez les bébés, on peut favoriser les initiatives. Chez les explorateurs et les décideurs, on peut soutenir les façons originales d'utiliser les casseroles et les cuillères de bois ainsi que fournir des occasions d'innover. Avec les magiciens, on peut stimuler facilement la créativité puisqu'ils sont dans l'âge d'or de l'imaginaire.

◆ Est-ce que je cultive l'imagination de mon enfant ?

Un univers inattendu

Avec deux bouts de bois, une roche et un brin de laine, les enfants peuvent créer tout un univers.

Donnez ces objets à votre **magicien** (3 à 6 ans). Demandez-lui d'inventer le plus de façons possibles d'utiliser ces objets ensemble. Il est bien entendu que ce jeu ou ce petit bricolage peut être réalisé avec d'autres objets.

Une invention sur demande

Donnez à l'enfant du papier, du carton, des crayons, de la peinture et des ciseaux et demandez-lui de bricoler :

- un appareil qui détruit les fantômes
- une auto volante
- un ordinateur qui parle
- tout autre objet auquel vous pensez

Le jeu des mots

Dites un mot et demandez à l'enfant d'en dire un autre rapidement, sans y penser. Continuez ainsi sans porter de jugements.

Le jeu des sons

Faites entendre à votre enfant différents sons et demandez-lui de les identifier. Demandez-lui également de produire des sons, d'en inventer avec des objets usuels ou avec sa bouche.

Un dessin qu'on invente

Faites un trait de couleur sur un grand carton ou sur une grande feuille de papier et demandez à l'enfant d'en tracer un également. Continuez ainsi, chacun à son tour, en cherchant à donner un sens au dessin.

La potion magique

Les petits enfants adorent préparer des potions magiques avec tous les ingrédients inoffensifs que vous leur donnez. Laissez-les faire, encouragez-les, discutez même avec eux des propriétés exceptionnelles de ces potions.

Quelques suggestions pour encourager la créativité des jeunes enfants :

- faites preuve vous-même d'originalité; n'ayez pas peur de servir la soupe préférée de la sorcière ou de vous déguiser en dinosaure lors de la fête de votre petit;
- félicitez l'enfant lorsqu'il a une idée originale;
- riez avec l'enfant de ses jeux de mots, de ses nouvelles pitreries et de ses inventions;
- transformez une erreur en expérience inoubliable;
- discutez devant les enfants de toutes sortes de solutions aux problèmes.

Mon enfant a besoin de jouer

◆ ◆ ◆

Les enfants ont besoin de jouer. Mais qu'est-ce que jouer ? Plusieurs spécialistes de la petite enfance ont donné des définitions différentes du jeu. Toutefois, tout le monde s'entend pour dire que le jeu doit comporter les sept caractéristiques suivantes :

1. Plaisant
2. Sans but précis
3. Spontané et choisi librement
4. Vécu activement, avec engagement
5. Différent des autres apprentissages
6. Sérieux et amusant tout à la fois
7. À la fois réel et imaginaire

A. Mon enfant veut tout simplement jouer

L'univers nord-américain est envahi par la publicité des jeux qu'on appelle éducatifs. On dirait qu'un enfant ne peut plus jouer tout simplement et que chaque jeu doit comporter un objectif pédagogique. Or, il faut bien se rappeler qu'une des caractéristiques du jeu est d'être spontané et sans but précis.

Les enfants aiment jouer et ils aiment apprendre. Ils apprennent en jouant et le jeu, même le plus banal, est éducatif. Jouer est une façon d'apprendre la vie et d'intégrer ce qu'ils apprennent. Le jeu ne doit pas être toujours dirigé, organisé ou réglé par les adultes.

Plus les parents organisent les jeux et moins l'enfant est capable de jouer seul et d'inventer des jeux qui lui permettront d'intégrer tout son savoir afin d'en arriver à s'adapter par ses propres moyens à l'univers des adultes.

À noter

Les mammifères jouent. Les singes, les chats, les chiens et bien d'autres animaux jouent. Ils jouent à se battre, à mimer la copulation, à se poursuivre et à s'échapper. Ces jeux sont plaisants, mais ils servent aussi à apprendre des comportements qui seront utiles à la survie de l'espèce. [3]

3 Meares, Lichtenberg (1995).

◆ Est-ce que je connais bien les jeux de mon enfant ?

Observez les différents types de jeux de votre enfant.

Types de jeux	*% de temps passé à jouer*
Jeux d'exploration de son corps (sucer ses orteils, se masturber, etc.)	☐ %
Jeux physiques (courir, grimper, lancer, etc.)	☐ %
Jeux intellectuels (mémoriser, lire, regarder une émission éducative, etc.)	☐ %
Jeux symboliques (jeux de rôles, de construction, de poupées, de soldats, etc.)	☐ %
Jeux de création (dessiner, faire de la musique, bricoler, etc.)	☐ %

Plus l'enfant vieillit, plus les jeux sont symboliques et créateurs. À l'âge de raison (vers 7 ans), les jeux deviendront des jeux de règle et, plus tard, ils seront centrés, pour les garçons, sur les compétences physiques et, pour les filles, sur les compétences relationnelles

B. Mon enfant est capable de jouer tout seul

La capacité d'être seul n'est pas l'apanage de tous les enfants... ni de tous les adultes. Pour être bien lorsqu'on est seul, il faut ressentir en soi un sentiment de sécurité, être convaincu qu'on peut être en contact avec les autres si on le désire et avoir du plaisir à faire certaines activités sans aide et sans témoin.

Certains enfants ont un tempérament plus sociable et ont besoin d'avoir des gens autour d'eux. Par contre, d'autres ne sont pas capables de jouer seul parce qu'ils n'ont jamais vraiment eu la chance de le faire ou parce qu'ils sont trop anxieux lorsqu'ils sont seuls; on pourrait sûrement ajouter que leurs parents sont souvent trop anxieux de les laisser jouer seuls.

◆ Est-ce que je favorise la capacité de mon enfant à jouer seul ?

Il arrive souvent que les enfants aînés n'aiment pas jouer seuls. En fait, les parents se sentent obligés de les occuper constamment, de répondre à tous leurs appels et de leur servir régulièrement de compagnons de jeux.

En tenant compte de l'âge de votre enfant, permettez-lui d'apprivoiser la solitude.

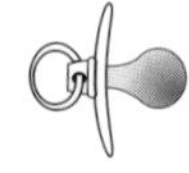

Le **bébé** (0 à 9 mois) peut s'amuser seul dans son berceau pour peu qu'on ne se précipite pas vers lui au premier cri. Il apprend à attendre en jouant avec ses pieds et ses mains, en essayant d'attraper le « mobile » qui est suspendu au-dessus de son lit ou de sucer sa couverture. En le laissant attendre un peu ou en le laissant s'endormir seul dans son berceau, les parents favorisent sa capacité de jouer seul.

L'**explorateur** (9 à 18 mois) est naturellement anxieux lorsqu'il est seul. Il a besoin de voir ou d'entendre le parent ou la gardienne afin d'être rassuré. Ces derniers peuvent toutefois favoriser la capacité de l'explorateur à jouer seul en vaquant à leurs occupations tout en le gardant à l'œil.

Le **décideur** (18 à 36 mois) aime bien faire des activités en restant à l'abri du regard de ses parents. Mais ceux-ci, à juste titre, sont craintifs lorsque le silence se fait. C'est que le décideur est le champion toutes catégories de l'expérimentation et que ses expériences se soldent souvent par des dégâts.

Les parents peuvent tout de même favoriser pendant quelques minutes sa capacité à jouer seul. Il leur suffit de ne mettre à sa disposition que quelques gros jouets ronds (afin d'éviter les blessures) et de l'installer de façon à pouvoir quand même le surveiller à distance. Félicitez-le lorsqu'il s'amuse seul pendant quelques minutes. Donnez-lui souvent de l'attention mais de façon brève et ponctuelle.

Le **magicien** (3 à 6 ans) a accès au monde de l'imaginaire. Le garçon est toutefois moins tranquille et plus moteur que la fille dans ses jeux. Le magicien a besoin d'amis, mais il doit apprendre aussi à jouer seul de temps à autre. Ne lui répondez donc pas toujours avec empressement lorsqu'il vous dit : « C'est ennuyant, qu'est-ce que je peux faire ? » « Quand as-tu fini ? Viens jouer avec moi ! » L'ennui, cette fois-ci, peut devenir la mère de l'invention. Offrez-lui du matériel qui favorise la création (des cartons, des crayons, de petits instruments de musique, des morceaux de tissus, etc.) et proposez-lui un thème s'il n'en trouve pas. Laissez l'enfant inventer à sa guise !

MON ENFANT DÉVELOPPE LE SENTIMENT QU'IL A DU POUVOIR

◆ ◆ ◆

A. SUR LES PERSONNES

Les parents sont des êtres tout-puissants pour les enfants. C'est pourquoi ceux-ci sont si heureux lorsqu'ils se rendent compte qu'ils ont du pouvoir sur leurs parents. Cela les valorise et les fait se sentir grands et compétents.

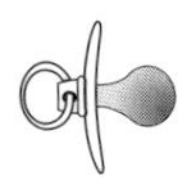

Les **bébés** ont le pouvoir de nous faire lever quatre ou cinq fois durant la nuit, de nous confiner à la maison lorsqu'ils sont malades, de nous rendre complètement « mabouls » lorsqu'ils sourient, prononcent leurs premiers mots ou essaient de nous imiter.

Les **explorateurs** ont le pouvoir de nous faire marcher pendant des heures pendant qu'ils s'agrippent à nos doigts. Ils ont la faculté de nous faire courir pour leur éviter un accident. Ils sont capables de nous émouvoir et de nous surprendre.

Les **décideurs** ont le pouvoir de nous faire tourner en bourrique (surtout dans les centres commerciaux) et de nous faire plaisir en faisant caca dans le petit pot. Ils ont aussi le pouvoir de retarder notre départ du matin et de nous obliger à tenir compte de ce qu'ils veulent.

Les **magiciens** ont le pouvoir de nous éblouir avec leurs mots d'enfants et de nous étourdir de leurs questions. Ils ont la faculté d'inventer et de nous faire participer à leurs histoires. Ils ont aussi le pouvoir de nous séduire et de nous manipuler.

Les petits enfants développent leur sentiment de compétence en se rendant compte qu'il y a de meilleures façons que d'autres d'obtenir des adultes ce qu'ils veulent. Il nous appartient de définir ou de déterminer ces façons !

◆ Est-ce que je sais de quelle façon mon enfant exerce son pouvoir sur moi ?

J'observe les façons qu'a mon enfant d'exercer son pouvoir sur moi.

....

....

....

....

Les parents qui veulent prouver à leur enfant qu'ils ont tout le pouvoir nuisent à son sentiment de compétence. Comment l'enfant pourra-t-il penser influencer un jour ses amis, son enseignante ou ses collègues ? Il se sentira toujours incompétent dans ses relations.

Les parents qui laissent tout le pouvoir à leur enfant nuisent également à son sentiment de compétence. En effet, l'enfant aura un sentiment de toute-puissance qui lui fera du tort dans ses relations sociales. Il sera rejeté ou agressé.

Les parents qui assument leur pouvoir d'adultes et de parents tout en permettant à l'enfant de les influencer de temps à autre développent son sentiment de compétence.

Voici un petit truc :

lorsque vous réalisez que votre enfant exerce son pouvoir sur vous et que vous décidez que cela est juste et raisonnable, dites-le lui de façon à le valoriser et non pas à le rendre coupable.

- Dites-lui : « D'accord, tu m'as convaincu, nous irons au parc dans cinq minutes.» « Laisse-moi deux minutes pour y penser et cesse de pleurer...Tu as raison, je t'ai chicané injustement. »
- Ne dites pas : « Vas-tu te la fermer. Tiens, prends toute la boîte de biscuits et ne viens pas pleurer si tu te rends malade. » « Je ne peux plus t'entendre, ça me donne mal à la tête. Va regarder ton film et fiche-moi la paix ! »

Les enfants exercent leur pouvoir non seulement sur leurs parents, mais aussi sur leurs frères et sur leurs sœurs, sur leurs gardiennes et sur leurs amis. Et cela c'est sans compter grand-maman et grand-papa, le parrain, la voisine, etc. Tout cela est normal. Mais lorsque les enfants abusent de leur pouvoir, les parents doivent faire part de leur désapprobation et redonner le pouvoir à la personne à qui il revient.

B. Sur les objets

Il vous est sûrement arrivé de ressentir une grande frustration devant un objet qui vous résistait : un robinet qui coule sans arrêt, une automobile qui refuse de partir ou un grille-pain qui ne rend pas les rôties.

Vous avez certainement pesté contre l'objet en question en le rendant responsable de la situation : « Maudite auto, toujours en panne au mauvais moment ! » « Sale robinet, vas-tu arrêter de couler ! » « Qu'est-ce qui lui prend au grille-pain ce matin ? »

Tout se passe comme si on accusait l'objet de faire exprès pour résister à notre volonté. En fait, on n'accepte tout simplement pas de ne pas avoir de pouvoir sur cet objet. Le phénomène qui consiste à donner une intention à un objet s'appelle de l'animisme.

Les petits enfants ont naturellement une pensée magique animiste. Leur développement intellectuel les y maintient jusqu'à l'âge de 8 ans environ. Cela leur permet d'avoir des « mots d'enfants » qui nous émerveillent :

- « Est-ce que la feuille souffre quand je l'arrache ? »
- « Pourquoi le soleil me suit-il tout le temps ? »

Lorsqu'on pense que tous les objets sont animés de volonté ou de propriétés humaines, on se sent rapidement impuissant face à eux. Si l'enfant pense, par exemple, que son bouton ne veut pas se faire attacher, il peut bien décider d'attendre que ce bouton veuille bien se laisser attacher !

Sans détruire l'imaginaire de l'enfant et sans le priver de la poésie de ses images, les parents peuvent entrer dans le jeu et redonner du pouvoir à l'enfant : « Viens, on va montrer à ton bouton comment entrer dans la boutonnière ! »

L'enfant qui se rend compte qu'il a du pouvoir sur les objets (un pouvoir limité bien sûr) développera plus rapidement un sentiment de confiance en lui.

◆ Est-ce que je connais les relations que mon enfant entretient avec les objets ?

Quel est le degré de pouvoir que votre enfant pense avoir sur les objets ?

	Un peu	Moyennement	Beaucoup
Sa doudou, son toutou, sa suce, sa bouteille	❑	❑	❑
Ses jouets	❑	❑	❑

	Un peu	Moyennement	Beaucoup
Les objets usuels (chaise, table)	❑	❑	❑
Les objets utiles (cuillère, lampe)	❑	❑	❑
Les objets inutiles (bibelot)	❑	❑	❑
Les objets nouveaux (journal du matin, courrier)	❑	❑	❑

Plus un enfant apprécie un objet, sa doudou par exemple, et plus cet objet semble faire partie de lui. Il ne peut pas s'en séparer, il le traîne partout et lui accorde un pouvoir presque magique. On parle ici de l'objet transitionnel, de celui qui représente la sécurité et qui est un peu comme maman ou comme papa. Déjà, quand l'enfant arrive à s'en détacher un peu, les parents savent qu'il vieillit et qu'il devient plus autonome.

Il est normal que les bébés, les explorateurs et même les décideurs soient très attachés à certains objets. Rappelez-vous que le sentiment de sécurité est à la base de l'estime de soi. Vers 3, 4 ou 5 ans les enfants développent une sécurité intérieure qui leur permet de délaisser leur sécurité extérieure (doudou, suce ou pouce). Cela se fait graduellement et le rythme n'est pas le même pour chaque enfant.

À NOTER

Je connais des parents qui ont trouvé une façon originale d'apprendre à leurs enfants à délaisser leurs suces qui étaient l'objet transitionnel. Ils leur demandaient, vers l'âge 3 ou 4 ans, de donner une suce à la famille d'écureuils qui logeaient dans le gros arbre de la cour arrière. Quand l'enfant se sentait prêt, il donnait une première suce pour un bébé écureuil, puis une deuxième... et ainsi de suite jusqu'à la dernière. En plus d'avoir l'impression de devenir grands, ces enfants se sentaient utiles et généreux. Mais cela ne fonctionne pas nécessairement avec tous les petits !

Ne touchez pas tout de suite à l'objet transitionnel. Commencez par valoriser le pouvoir que votre enfant peut avoir sur les autres objets avant de penser à lui retirer graduellement l'objet aimé. Soyez constamment à la recherche de la complicité avec votre enfant.

Mon enfant est fier d'assumer des responsabilités

◆ ◆ ◆

Même de très jeunes enfants de 2 ou 3 ans aiment bien aider leurs parents. Cela leur donne le sentiment d'être importants. Mais les parents n'ont pas toujours envie de recevoir cette aide parce qu'elle signifie souvent un accroissement de leur tâche.

De temps en temps, il est important que vous permettiez à votre enfant de vous aider. Donnez un chiffon à votre petit pour qu'il époussette avec vous, laissez votre fillette vous aider à arroser les plantes et votre petit garçon, mélanger la pâte à gâteau. Donnez à votre enfant de 4 ou 5 ans de petites responsabilités : mettre son assiette sur le comptoir, faire son lit, ranger ses jouets, raccrocher le téléphone, etc.

Insistez sur l'importance de la tâche et récompensez les efforts de votre enfant. Les récompenses en temps et en activités sont plus appréciées que les récompenses en sous et en objets.

◆ Est-ce que j'apprends à mon enfant à assumer des responsabilités ?

Indiquez les responsabilités que vous avez données à votre enfant.

....

....

....

....

Quelles sont les autres responsabilités que vous pourriez donner à votre enfant ?

....

....

....

....

À noter

Des recherches ont montré que les enfants qui ont développé un sentiment de compétence personnelle dans la petite enfance ont plus de facilité à s'adapter à l'école. [4]

4 Verschueren, Marcoen, Schoefs (1996).

Mini-test et auto-évaluation

◆ ◆ ◆

Mini-test

(✔ cochez dans les cases de votre choix)

	Vrai	Faux
1. Les enfants ont besoin d'être protégés et non pas surprotégés	❑	❑
2. Surprotéger un enfant nuit à son estime de soi	❑	❑
3. Il faut éviter que notre enfant vive des échecs	❑	❑
4. Il faut féliciter l'enfant même s'il n'a pas vraiment réussi	❑	❑
5. Faire prendre conscience à l'enfant de ses réussites est très important	❑	❑
6. Les parents ne doivent jamais laisser un tout-petit jouer seul	❑	❑
7. La créativité est un atout pour développer une bonne image de soi	❑	❑
8. La persévérance s'apprend	❑	❑
9. Un tout-petit ne doit jamais avoir de contrôle sur ses parents	❑	❑
10. Il est inutile d'indiquer à l'enfant comment il s'y est pris pour réussir	❑	❑

(Les réponses se trouvent en page 123.)

Auto-évaluation

(✔ cochez dans les cases de votre choix)

	Toujours	Souvent	Parfois	Rarement
Je propose de façon régulière de nouvelles expériences à mon enfant	❑	❑	❑	❑
Je l'encourage à essayer des choses nouvelles	❑	❑	❑	❑
Je connais assez bien mon enfant pour prévoir les prochaines étapes de son développement	❑	❑	❑	❑
Je l'encourage à faire un pas en avant dans son développement	❑	❑	❑	❑
Je lui fait part de ma satisfaction quand il essaie	❑	❑	❑	❑
Je l'encourage à recommencer même s'il n'a pas réussi du premier coup	❑	❑	❑	❑

J'aide mon enfant à espérer réussir un jour	❑	❑	❑	❑
Je cultive son enthousiasme	❑	❑	❑	❑
Je le félicite pour ses réussites, même quand elles sont petites	❑	❑	❑	❑
Je le félicite seulement lorsque c'est mérité	❑	❑	❑	❑
Je compare mon enfant à lui-même et pas aux autres	❑	❑	❑	❑
Je l'encourage à se fixer un but réaliste	❑	❑	❑	❑
Je souligne non seulement sa réussite mais aussi de quelle manière il a réussi	❑	❑	❑	❑
Je l'encourage à imiter d'autres enfants	❑	❑	❑	❑
Je soutiens mon enfant dans ses inventions et dans ses innovations	❑	❑	❑	❑
J'encourage sa créativité	❑	❑	❑	❑
J'aide mon enfant à réaliser qu'il a du pouvoir sur les personnes	❑	❑	❑	❑
Je l'aide à réaliser qu'il a du pouvoir sur les objets	❑	❑	❑	❑
Je donne de petites responsabilités à mon enfant	❑	❑	❑	❑
Je montre à mon enfant ma fierté	❑	❑	❑	❑

Vous pouvez maintenant répondre adéquatement aux questions suivantes.

Selon vous, quelles sont vos attitudes qui permettent à votre enfant de développer un sentiment de compétence ?

....

....

....

Selon vous, quelles sont les attitudes que vous devez développer pour donner à votre enfant un sentiment de compétence?

....

....

....

Conclusion

Les parents sont les mieux placés pour favoriser l'estime de soi de leur tout-petit et, avant toute chose, pour l'aider à avoir confiance en lui.

Il y a des tout-petits qui ont un tempérament facile et qui s'ébattent dans la vie comme des poissons dans l'eau. D'autres, par contre, dont le tempérament est plus difficile, doivent apprendre à nager longuement avant de pouvoir profiter de l'eau.

Faut-il rappeler encore une fois que les parents ont beaucoup d'importance pour leurs enfants et que leurs attitudes ont une influence certaine sur eux ? Assurément, ne serait-ce que pour faire remarquer que les enfants ont eux aussi une partition à apprendre et à jouer dans la grande symphonie de la vie.

Les parents ne peuvent pas tout faire, mais leur rôle est vital. Il leur appartient, en effet, de préparer les instruments de musique, de choisir une mélodie qui soit bien adaptée aux apprentis musiciens qui sont devant eux, d'organiser les répétitions, de multiplier les exercices pratiques et de faire place à l'erreur et, enfin, d'orchestrer le tout avec le plus de doigté possible. Après cela, place à la musique! Ce sera parfois une balade discrète et parfois une musique endiablée. Peu importe, car l'important consistera pour chaque membre de l'orchestre à faire de cette musique une œuvre originale.

Vous pouvez aider votre tout-petit à lire sa propre musique. S'il est bien dans son corps, s'il a le sentiment profond qu'il est aimable et la conviction qu'il est capable, s'il est à l'aise avec les autres et s'il peut se projeter dans l'avenir en croyant en lui et en espérant le meilleur, vous aurez accompli un travail de maître.

Par la suite, lorsque votre enfant aura atteint l'âge de 7 ou 8 ans, il portera un jugement positif sur lui-même tout en ayant conscience de ses difficultés. Il saura jouer le mieux possible de son instrument personnel et, bien que les vicissitudes de la vie l'amèneront à faire de fausses notes, il retrouvera plus rapidement ses « harmonies ».

Nous nous demandions, en introduction, de quelle façon les parents pouvaient favoriser l'estime de soi des tout-petits et nous expliquions que la réponse se trouvait simplement dans le fait de vivre avec ses enfants en gardant constamment au cœur et à l'esprit six mots-clés :

◆ Plaisir ◆ Amour ◆ Sécurité ◆ Autonomie ◆ Fierté ◆ Espérance ◆

Ces mots sont, en effet, comme les six premières notes de la gamme sur lesquels l'enfant jouera sa vie. La dernière note, il devra la découvrir au fond de lui-même et l'intégrer à son œuvre musicale pour en faire quelque chose d'unique au monde, pour en faire un chef-d'œuvre.

Réponses aux mini-tests

Mini-test du chapitre 1 (page 43)

Vrai : 1, 2, 4, 7 et 9
Faux : 3, 5, 6, 8 et 10

Mini-test du chapitre 2 (page 77)

Vrai : 1, 3, 6, 7 et 9
Faux : 2, 4, 5, 8 et 10

Mini-test du chapitre 3 (page 97)

Vrai : 1, 3, 5, 7 et 8
Faux : 2, 4, 6, 9 et 10

Mini-test du chapitre 4 (page 120)

Vrai : 1, 2, 5, 7 et 8
Faux : 3, 4, 6, 9 et 10

Suggestions de lecture

Au bonheur des enfants. Saint-Lambert: Éditions Héritage, 1996.

Auger Lucien. *Élever des enfants sans perdre la boule*. Montréal: Centre interdisciplinaire de Montréal, 1989.

Bacus Anne. *Votre enfant de 3 à 6 ans*. Marabout pratiques, 1993.

Bacus Anne. *Mon enfant a confiance en lui*. Marabout, 1996.

Bélanger Robert. *Vinaigre ou miel : comment éduquer son enfant*. Québec: Lambton, 1986.

Bélanger Robert. *Parents en perte d'autorité*. Ville Saint-Laurent: Éditions R. Bélanger, 1987.

Bélanger Robert. *La jalousie entre frères et soeurs*. Ville Saint-Laurent: Éditions R. Bélanger, 1984.

Benet Farida. *Relaxations guidées pour les enfants*. Romont (Suisse): Éditions Recto-Verseau, 1991.

Benoit Joe-Ann. *Le défi de la discipline familiale*. Outremont: Québécor, 1997.

Bettelheim Bruno. *Pour être des parents acceptables : une psychanalyse du jeu*. Paris : Robert Laffont, 1988.

Boivin Richard. *Pour les enfants du stress : une technique de relaxation, le relais d'énergie*. Québec : Documentor, 1992.

Brière Paule. *Attention: parents fragiles*. Montréal: Boréal, 1989.

Buzyn Etty. *Papa, maman, laissez-moi le temps de rêver*. Paris: Albin Michel, 1995.

Cabrol Claude. *La douce: méthode de gymnastique douce et de yoga pour enfants*. Boucherville : Graficor, 1987.

Chiland Colette. *Mon enfant n'est pas fou*. Paris: Éditions du Centurion, 1989.

Côté Raoul. *La discipline familiale: une volonté à négocier*. Montréal: Agence d'Arc, 1990.

Dolto Françoise. *La cause des enfants*. Paris: Robert Laffont, 1985.

Dolto Françoise. *Lorsque l'enfant paraît*. Paris: Seuil, 1990.

Dubé Robert. *Hyperactivité et déficit d'attention chez l'enfant*. Montréal, Gaétan Morin, 1993.

Duclos Germain, Geoffroy Louis, Laporte Danielle. *Du côté des enfants*. Montréal : Hôpital Sainte-Justine, Magazine Enfants, 1992.

Duclos Germain, Laporte Danielle. *Du côté des enfants - vol II*. Montréal : Hôpital Sainte-Justine, Magazine enfants, 1992.

Duclos Germain, Laporte Danielle. *Du côté des enfants - vol III*. Montréal : Hôpital Sainte-Justine, Magazine Enfants, 1995.

Duclos Germain, Laporte Danielle, Ross Jacques. *Les grands besoins des tout-petits : vivre en harmonie avec les enfants de 0 à 6 ans*. Saint-Lambert: Éditions Héritage, 1994.

Elkind David. *L'enfant stressé*. Montréal: Éditions de l'Homme, 1983.

Epstein Jean. *L'explorateur nu*. Lasalle: Hurtubise HMH, 1982.

Faber Adèle, Mazlish Élaine. *Jalousies et rivalités entre frères et soeurs: comment venir à bout des conflits entre vos enfants*. Paris: Stock, 1989.

Gordon Thomas. *Comment apprendre l'autodiscipline aux enfants*. Montréal : Éditions du Jour, 1990.

Gordon Thomas. *Parents efficaces : le dialogue parent-enfant par la méthode Gordon*. Paris : Belfond, 1987.

Grou Jean. *Être parent: des défis au quotidien*. Outremont: Novalis, 1995.

Leduc Claire. *Le parent entraîneur ou la méthode du juste milieu*. Montréal : Éditions Logiques, 1994.

Maziade Michel. *Guide pour parents inquiets: aimer sans sa culpabiliser*. Sainte-Foy : La Liberté, 1988.

Monbourquette Jean. *L'ABC de la communication familiale: le livre des parents qui n'ont pas le temps de lire.* Outremont: Novalis. 1993.

Olivier Christiane. *Les enfants de Jocaste*. Paris: Denoël, 1980.

Olivier Christiane. *Les fils d'Oreste*. Paris: Flammarion, 1994.

Purves Libby. *Comment ne pas élever des enfants parfaits: guide des 3 à 8 ans à l'intention des parents flemmards*. Paris: Odile Jacob, 1995.

Salomé Jacques. *« C'est comme ça, ne discute pas »*. Paris: Albin Michel, 1997.

Youngs Bettie. *Le stress chez l'enfant*. Montréal: Éditions La Presse, 1986.

Références bibliographiques

Livres

Aimard P. *Les débuts du langage chez l'enfant*. Paris : Dunod, 1996.

Byrne B. *Measuring self-concept across the life span : Issues and instrumentation.* Washington : American Psychological Association, 1996.

Cloutier R, Renaud A. *Psychologie de l'enfant*. Montréal: Gaétan Morin, 1990.

Duclos G, Laporte D. *Du côté des enfants - vol II*. Montréal : Hôpital Sainte-Justine, Magazine Enfants, 1992.

Duclos G, Laporte D, Ross J. *Les grands besoins des tout-petits : vivre en harmonie avec les enfants de 0 à 6 ans*. (Collection Parent guide). Saint-Lambert : Éditions Héritage, 1994.

Mayer G, Myers MT. *Les bases de la communication humaine : une approche théorique et pratique*. Montréal: McGraw-Hill, 1990.

Pope A, McHale S. *Self-esteem enhancement with children and adolescents*. Pergamon Press, 1988.

Seligman M, Reivich K, Jaycox L, Gillham J. *The optimistic child*. Boston : Hougton Mifflin Co, 1995.

Schell R, Hall E. *Psychologie génétique*. Montréal : Renouveau pédagogique, 1967.

Tremblay M. *L'adaptation humaine*. Montréal : Éditions Saint-Martin, 1992.

Articles

Beauchamp K. The behavorial Academic Self-Esteem Scale With Preschoolers. *Psychological Reports* 1995; 76: 273-274.

Bohlander JR. Différentiation of self : an examination of the concept. *Issues in Mental Health Nursing* 1995; 16(2) : 165-184.

Boucher B, Doescher S, Sugawara A. Preschool Children's Motor Development and Self-concept. *Perceptual motor skills* 1993; 76(1) : 11-17

Campbell SB. Special Section on the Development of Psychopathology in Young Children. *Journal of clinical Child Psychology* 1996; 25(4).

Conte HR, Plutchik R, Picard S, Buck L, et al. Gender differences in recalled parental childearing behaviors and adult self-esteem. *Comprehensive Psychiatry* 1996; 37(3) : 157-166.

DiBiase R, Waddell S. Some effects of homelessness on the psychological functioning of preschoolers. *Journal of Abnormal Child Psychology* 1995; 23(6) : 783-792.

Fantuzzo JW, McDermott PA, Holliday MP, Hampton V, Burdick N. The pictorial Scale of Perceived Competence and Social Acceptance: Does it work sith Low-Income Urban Children? *Child Development* 1996; 67: 1071-1084.

Fuchs-Beauchamp KD. Preschoolers inferred self-esteem: the Behavioral Rating Scale of Presented Self-Esteem in Young Children. *Journal of Genetic Psychology* 1996; 157(2) : 204-210.

Kagan J, Reznick S, Clarke C, Snidman N. Behavorial inhibition to the unfamiliar. *Annual Progress in Child Psychiatry and Child Development* 1985 : 280-303.

Kemple KM, David GM, Yang Y. Preschoolers Creativity, Shyness and Self-Esteem. *Creativity Research Journal* 1996; 9(4) : 317-328.

Maurer D, Salapatek P. Developmental changes in the scanning of faces by young infants. *Child Development* 1976; 47(2) : 523-527.

Meares R, Lightenberg J. The From of Play in the Shape and Utily of Self. *Contemporary Psychoanalysis* 1995; 31(1) : 47-64.

Meltzoff AN, Moore MK. Newborn infants imitate adult facial gestures. *Child Development* 1983; 54 (3) : 702-709.

Nicole S, Del Miglio C. Self-awareness in monozygotic twins: a relational study. *Acta Geneticae Medicae of Gemellologiae* 1995; 44(2) : 107-115.

Oppenheim D. The attachment Doll-play Interview for Preschoolers. *International Journal of Behavioral Development* 1997; 20(4) : 681-697.

Rotenberg KJ. Development of Children's Restrictive Disclosure to Friends. *Journal of Genetic Psychology* 1995; 156(3) : 279-292.

St-Marc C. Les différences entre garçons et filles, approche génétique de leurs interactions, dans *Relations entre enfants : recherches et interventions éducatives*. Paris: Fleurus, 1988 : 77-114.

Trad PV. The phenomenon of previewing and its contribution to the emerging sense of self. *Psychoanalytic Review* 1996; 83(1) : 21-47.

Verschueren K, Marcoen A, Schoefs V. The internal Working Model of the Self, Attachment and Competence in Five-Year-Olds. *Child Development* 1996; 67(5) : 2493-2511.

Willoughby C, King G, Polatajko H. A therapist's guide to children's self-esteem. *American Journal of Occupational Therapy* 1996; 50(2) : 124-132.

Guides pratiques

Denis J, Letendre L. *Mon trésor à moi*. Les Centres jeunesse de la Montérégie, 1997.

École des Beaux-Séjours. *Le développement de l'estime de soi chez nos élèves (préscolaire et primaire)* Rimouski : Commission scolaire La Neigette, 1994.

Reasoner RW. *Comment développer l'estime de soi : guide de l'enseignant et matériel didactique*. Edmonton : Psychometrics Canada, 1995.

(1) POUR FAVORISER L'ESTIME DE SOI DES TOUT-PETITS

GUIDE PRATIQUE À L'INTENTION DES PARENTS D'ENFANTS DE 0 À 6 ANS

Danielle LAPORTE, *psychologue clinicienne*

Ce guide permet aux parents de suivre les progrès que le tout-petit accomplit dans le développement d'une identité positive.

ISBN 2-921858-30-4 • 1997 • 128 pages

(2) COMMENT DÉVELOPPER L'ESTIME DE SOI DE NOS ENFANTS

GUIDE PRATIQUE À L'INTENTION DES PARENTS D'ENFANTS DE 6 À 12 ANS

Danielle LAPORTE, *psychologue clinicienne*
Lise SÉVIGNY, *infirmière et andragogue*

La période de 6 à 12 ans constitue une étape cruciale dans le développement de l'estime de soi. L'image de soi physique et émotive s'enrichit de l'image de soi intellectuelle.

ISBN 2-921858-33-9 • 1998 • 120 pages
(2e édition revue et augmentée)

(3) L'ESTIME DE SOI DE NOS ADOLESCENTS

GUIDE PRATIQUE À L'INTENTION DES PARENTS

Germain DUCLOS, *psychoéducateur et orthopédagogue*
Danielle LAPORTE, *psychologue clinicienne*
Jacques ROSS, *psychoéducateur et andragogue*

Nos adolescents sont en quête de leur identité et ils ont besoin, sur ce chemin qui est parfois très ardu, d'une bonne estime de soi. Comment faire vivre un sentiment de confiance aux jeunes, comment les aider à se connaître, comment leur apprendre à coopérer et, enfin, comment les guider dans la découverte de stratégies qui mènent au succès ?

ISBN 2-921215-90-X • 1995 • 178 pages

(4) QUAND LES TOUT-PETITS APPRENNENT À S'ESTIMER...

GUIDE THÉORIQUE ET RECUEIL D'ACTIVITÉS POUR FAVORISER L'ESTIME DE SOI DES ENFANTS DE 3 À 6 ANS

Germain DUCLOS, *psychoéducateur et orthopédagogue*
Denise BERTRAND, *éducatrice*

Cet ouvrage s'adresse particulièrement aux éducatrices et éducateurs qui œuvrent en petite enfance. Il sera également fort utile à tous ceux et celles que la question de l'estime de soi intéresse.

ISBN 2-921858-29-0 • 1997 • 120 pages

(5) PROGRAMME ESTIME DE SOI ET COMPÉTENCE SOCIALE CHEZ LES 8 À 12 ANS

Louise-Anne BEAUREGARD, *psychoéducatrice*
Richard BOUFFARD, *intervenant*
Germain DUCLOS, *psychoéducateur et orthopédagogue*

Comprend un guide de l'animateur et un cahier d'activités REPRODUCTIBLE en un seul volume. Par le biais de bandes dessinées et de diverses activités, ce programme a pour objectif d'aider l'enfant à développer une meilleure estime de soi, à reconnaître son unicité, à développer ses habiletés sociales, à intégrer le processus de résolution de conflits et à découvrir son réseau d'aide.

ISBN 2-921858-87-8 • 2000 • 192 pages

(6) CONSTRUIRE L'ESTIME DE SOI AU PRIMAIRE

sous la direction de Solange LUNEAU

L'ensemble comprend six volumes **REPRODUCTIBLES** et tient compte des quatre composantes de l'estime de soi : le sentiment de confiance, la connaissance de soi, le sentiment d'appartenance et le sentiment de compétence (scolaire et sociale).

- **Premier cycle**
  - Vol. 1 : YOURI - De la sécurité à la confiance
    ISBN 2-922770-62-1 • 2003 • 122 pages
  - Vol. 2 : PRISTI - De la connaissance de soi à l'identité
    ISBN 2-922770-63-X • 2003 • 108 pages
- **Deuxième cycle**
  - Vol. 1 : LICO - Vivre un sentiment d'appartenance
    ISBN 2-922770-66-4 • 2003 • 120 pages
  - Vol. 2 : DÉGOURDIE ET COMPAGNIE
    Vivre un sentiment de compétence scolaire
    ISBN 2-922770-67-2 • 2003 • 128 pages
- **Troisième cycle**
  - Vol. 1 : QUESTI - Vivre un sentiment de compétence sociale
  - Vol. 2 : VALÉRIANE - L'affirmation de soi